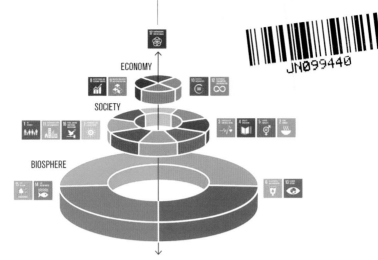

ECONOMY

SOCIETY

BIOSPHERE

地域文化の可能性

木部暢子〈編〉
KIBE Nobuko

勉誠出版

第 1 章

地域を見つめ、つなげる──地域文化資源の「発見」と「活用」

小池淳一

図 1.1　宮城県気仙沼市小々汐地区のオオイ、尾形家（勝田徹氏撮影）

図 1.2　国立歴史民俗博物館第 4 展示室における尾形家復元展示（筆者撮影）

図 1.3　青森県下北半島の仏ヶ浦の景観図（筆者撮影）

図 1.4 青森県下北半島寄浪集落の子持ち石（筆者撮影）

第 2 章

地域資料をめぐるひとびと

丹羽謙治

図 2.1　木脇啓四郎（中央）とその息子たち
（鹿児島大学附属図書館木脇家文書蔵）

図 2.3　加藤雄吉「近世薩州群書一覧補遺」
（『尾花集』1917 所収、国立国会図書館蔵）

此時分までは實際世の野賤にたちはぐなどと思はれる。曹に慰げて南國の説には「蔵珠より以南「三百里」の鶺鴒」とあり恰好是等の説には（鹿児島より琉球へ往く途のみちの島」とある。今亡唯詞説をあげるに止む。《大正四年三月五日、夢暦では正月二十日といふ日に此花を揷した蔵の傍で草した》

八八

○近世薩州群書一覧補遺

大正五年六月鹿児島縣立書館の稿により「近世薩州群書一覧」一冊を稿て、茲もはたゞしき間に稿了せしこととて股慝慝からか、以來慝慝に付くにまかせ慝慝を加へて遺れるを補ひ來しが今芸六月初旬の病をうちに至り補遺の難をを、故むの止むなきに至れるは惜しきわざなり、今舊稿の行間に朱もて批き加へしもの）を拾ひ集めて悉来たる補遺と名づけつ、彼と是とを併せ看たらまば幸なり。（大正六年八月下旬病床にて）

○奥羽紀行　東慶紀行の一名

○朝鳳合集　一冊

錫誇季運の家業なり、黒田子書序、此集の栞に上れるは黒田慕翁の心つくしに成れるなり。

○伊像宇和島建物採集　一冊

田原陶齋が筏灘に筏せられて行ける時の著なり、安敃五年春成る

○徴言八百律世狐箴獣日記　一冊

日野貫枝卿の門人東都貫村が寛武四年の秋、日黑郡下濱塔方へ遊びし旅行記にて掛き溝補文なり。

○宇和島伺内採薬紀行　一冊

田原陶齋著　安政五年春成る、

○詠物百首　一冊

畠津婦水著、伊藤漫山の墓軸校訂せしものなど、

○詠物百律　一冊

石塚道嵩の著にして其生前に出版せられしよし得慮見て、

○延齡怪狩歌百集　一冊

天保十年上梓、島津齊興公が寛政九年二月七歳にして始めて東上せらるゝ時、周防國なる上田少繝で呼ぶ釀造家に留られ、其後庭に雅倉を手載せられしが少繝之を家の譽とし四方に諍狩を暮らしが裁に之を一冊に鵬めて出版せしものなり延齡繝とは後に公

八九

図 2.4　鹿児島高等農林時代の小出満二（昭和 2 年の同校の卒業アルバムより、鹿児島大学附属図書館蔵）

図 2.5　『南島雑話』（鹿児島大学附属図書館蔵）の小出満二の識語

第 3 章

奄美の文化資源

桑原季雄

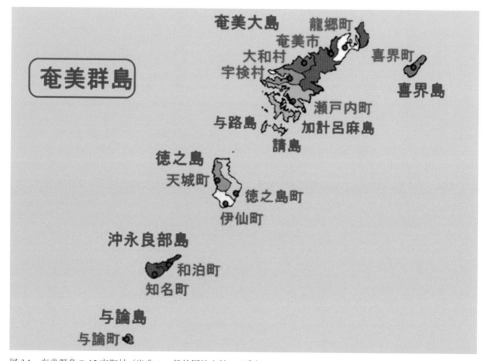

図 3.1　奄美群島の 12 市町村（出典：一般社団法人結いの島）

第 4 章
ことばと地域文化

木部暢子

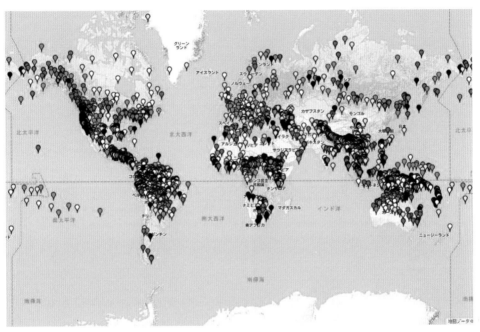

図 4.1　Atlas of the World's Languages in Danger（世界消滅危機言語地図）
　（http://www.unesco.org/languages-atlas、2021.12.7 閲覧）

♀ 脆弱
♀ 危険
♀ 重大な危険
♀ 極めて深刻
♀ 絶滅

図 4.2　日本の消滅危機言語　（http://www.unesco.org/languages-atlas、2021.12.7 閲覧）

第 5 章

学生が取り組む地域歴史遺産の保全と活用

添田仁

図 5.2　古文書を整理する学生たち（茨城大学）（2015 年 5 月 13 日　筆者撮影）

図 5.3　道端に廃棄された箪笥（常総市）（2015 年 9 月 20 日　筆者撮影）

図 5.4　古文書を洗う学生たち（茨城大学）（2016 年 8 月 25 日　筆者撮影）

図 5.6　集中曝涼で解説する学生（常陸太田市）（2013 年 10 月　筆者撮影）

第 6 章

自然資本を活かした地域の可能性

中静透

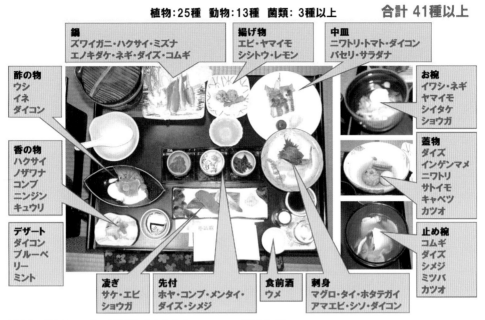

植物：25種　動物：13種　菌類：3種以上　　合計 41種以上

鍋
ズワイガニ・ハクサイ・ミズナ
エノキダケ・ネギ・ダイズ・コムギ

揚げ物
エビ・ヤマイモ
シシトウ・レモン

中皿
ニワトリ・トマト・ダイコン
パセリ・サラダナ

酢の物
ウシ
イネ
ダイコン

香の物
ハクサイ
ノザワナ
コンブ
ニンジン
キュウリ

デザート
ダイコン
ブルーベ
リー
ミント

お椀
イワシ・ネギ
ヤマイモ
シイタケ
ショウガ

蓋物
ダイズ
インゲンマメ
ニワトリ
サトイモ
キャベツ
カツオ

止め椀
コムギ
ダイズ
シメジ
ミツバ
カツオ

凌ぎ
サケ・エビ
ショウガ

先付
ホヤ・コンブ・メンタイ・
ダイズ・シメジ

食前酒
ウメ

刺身
マグロ・タイ・ホタテガイ
アマエビ・シソ・ダイコン

図 6.4　私たちは 1 食で何種類の生き物を食べているか（筆者作成）

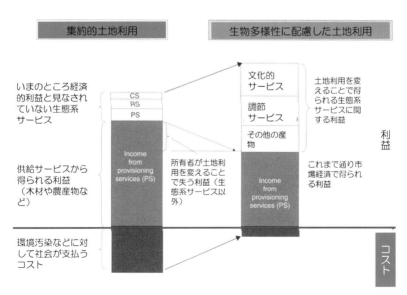

集約的土地利用

生物多様性に配慮した土地利用

いまのところ経済
的利益と見なされ
ていない生態系
サービス

CS
RS
PS

文化的
サービス

調節
サービス

その他の産
物

土地利用を変
えることで得
られる生態系
サービスに関
する利益

利益

供給サービスから
得られる利益
（木材や農産物な
ど）

Income
from
provisioning
services (PS)

所有者が土地利
用を変えること
で失う利益（生
態系サービス以
外）

Income
from
provisioning
services (PS)

これまで通り市
場経済で得られ
る利益

環境汚染などに対
して社会が支払う
コスト

コスト

図 6.7 生態系サービスに対する支払い（PES）の考え方（TEEB［2011］を一部改変）

図 6.8　海岸防潮堤（気仙沼市小泉海岸）（筆者撮影）

図 6.9　仙台湾での海岸林造林（筆者撮影）

第 7 章

災害支援から考える地域文化と博物館——地域文化の「再発見」と「保存・活用」

日髙真吾

図7.1　救出作業（2011年7月　和髙智美氏撮影）

図7.3　整理・記録の作業（2011年7月　筆者撮影）

図 7.5　脱塩処理の実技指導（2014 年 1 月　和髙智美氏撮影）

図 7.6　製塩ワークショップ（2010 年 8 月　筆者撮影）

第 8 章

原子力災害被災地域における民間資料の保存と活用

渡辺浩一

図 8.12『大字誌　請戸』表紙

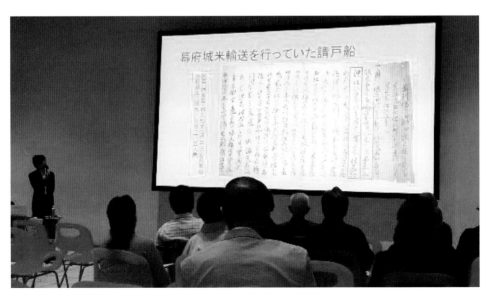

図 8.15『福島県浜通りの歴史と文化の継承』シンポジウムの風景（筆者撮影）

まえがき

　現代の日本そして世界は、これまで経験したことのないようなさまざまな問題に直面し、抜本的な改革を迫られています。それは人文学とそれに隣接する領域においても例外ではありません。本書はそうしたなかで、日本列島上の人びとが、地域という生活範囲においてどのように文化をとらえ、活用し、次代へと継承していくのかについて考えようとするものです。

　本書は、地域が直面しているさまざまな問題、とりわけ地域社会の大きなうねり、変動とそこに暮らす人びとの営みを地域文化とその可能性というテーマでとりあげています。そこに参画する学問領域は、大まかには人文学ですが、その手法や枠組みは多種多様であることが読み進めていくとわかっていくと思います。

　わたしたちがこうした本を作ろうと考えた背景には、大学共同利用機関法人である人間文化研究機構の共同研究の存在があります。人間文化研究機構は、国立歴史民俗博物館、国文学研究資料館、国立国語研究所、国際日本文化研究センター、総合地球環境学研究所、国立民族学博物館から構成されていて、日本内外の大学をはじめとする教育

研究機関とも連携、協業して人文学の総合的な発展をめざしている研究組織です。その組織を横断し、互いの学術的な立場や知見を活かしながら、共通する課題に取り組む共同研究が進められてきました。本書のもとになったのは、その人間文化研究機構における「日本列島における地域社会変貌・災害からの地域文化の再構築」（2016～2021年度）というゆるやかな研究プロジェクトの活動です。そこでの問題意識は、21世紀に入る前後から顕著になった地域社会の大きな変貌、とくに災害による急激かつ圧倒的な変化とそれによって地域の多様性が消滅の危機に直面しているというものでした。

　そうした状況を丁寧にとらえ、解決、止揚への道を探るためには、固定した単一の学問領域からの調査研究だけでは不充分です。地域文化を共通の課題としながらも、人文学が相互に連携し、それぞれの地域における大学・博物館等とも協働しながら、柔軟に調査研究を推進することが必要だと考えました。

　そして具体的には機構の各機関が、ことばや文字、環境や生活などを対象に調査研究を積み重ねてきたことをよりどころにしながら、地域社会とその文化をとらえようとしました。それだけではなく、未来の地域社会はどのようなものとして構想されるべきか、過去の文化の多様な姿とその蓄積を見つめることで、その手がかりを得ようともしてきました。もちろん、アジアをはじめとする地球規模の視点から地域をとらえることも忘れてはなりません。本書はそうした知的営みの第一歩として、身近な地域文化を対象とし、そこで、生み出され、受

け継がれてきたさまざまな知恵の数々や努力の軌跡を受け止め、特に大学生クラスの知的な学びと作業とに貢献することを目標とする成果発信を意図したのです。

　本書は、鹿児島大学大学院の人文社会科学研究科地域政策科学専攻において、2018年度に同大学大学院のスタッフと「日本列島における地域社会変貌・災害からの地域文化の再構築」のメンバーとがリレー形式で行なった授業の内容を再編して、地域文化の可能性を人文諸学から多角的にとらえるためのヒントとなるように書き改めたものです。民俗学、文化人類学、言語学、保存科学、歴史学、自然環境学等の諸分野から、地域文化の再評価や復興にアプローチするための書物ともいえるでしょう。

　本書を作り上げていく過程では、ここにまとめた以外にも人間文化研究機構の地域文化をめぐるプロジェクトにおける実践がありました。特に弘前大学、茨城大学、金沢美術工芸大学、熊本大学などでも授業や講演、映像上映などを行なってきました。そしてその際の学生諸君からの感想やリアクションも取り込むことに努めました。本書が広く読まれ、活用されることで、より深く、柔軟な視座から地域の文化とその可能性を考えることができるようになることを期待しています。

第1章

地域を見つめ、つなげる
——地域文化資源の「発見」と「活用」

小 池 淳 一

1　問題提起

　この章では地域の文化を現代社会におけるさまざまなニーズに応えられるかたちで把握し、追究するための基礎的な視点を確認するとともに、具体的な事例のなかでさらなる可能性を考えてみたいと思います。

　地域の、しかも文化を考える基本的な視点として、ここでは民俗学を手がかりにしていきたいと思います。民俗学は地域の生活文化を習慣や言い伝えといった、それほど意識されないままにくり返されてきた日常の連続としてとらえ、その歴史や機能について考える学問です。ふだんはあまり意識しないことがその素材ですから、意識化するためには、対象とする日常生活のなかに入り込んで、聞き取りをしたり、仕事や行事に参加して観察したりすることでデータを集めていきます。そして、そのデータを文字記録とつき合せたり、異なる地域の場合と比べたりすることで、"日常"がどのように組み立てられ、受け継がれてきたのか、を明らかにしようと

1

します。

　したがって、ここでの地域は、その日常性という面からとらえられるということになります。かつての日本の民俗学では、日本人とか日本社会というものを疑いのない前提としてとらえていました。しかし、日本列島のなかで、さまざまな生活が展開しており、それぞれを支え、規定している条件が多様であることがわかってくると、地域という視点でいったん区切って日常の歴史と構成とをとらえることが重要であると考えられるようになりました。近年では、グローバル化が進行したことで、地球全体で生活の発展が大変に早い速度で進むなかで、国境とか地理的な隔たりなどが、それほど大きな意味を持たなくなっていくことが確認されています。そのなかで民俗学は、わたしたちの日常というものがどのように変わっていくのか、地域という区分はどのように変化していくのか、などを問うことになりつつあります。

　この章では、①最初に地域文化とそれをとらえる視点を確認した上で、地域を見つめ、とらえる際の基本的な枠組みを考えてみましょう。特にそれをとらえるよりどころについて考え、具体的な例を提示してみます。

　②次に、地域をたがいに比較し、関連させていくことで見えてくる特質について具体的な素材を通して考えていきましょう。

　これは地域というものが固定した一定の地理的な区分に限らないことともつながっています。地域を固定した枠組みでとらえるのではなく、さまざまな要素を柔軟に受けとめて、複眼でとらえることに留意しておきたい、と思います。

2　地域を見つめる——資源のありかとそのとらえ方——

2.1 地域を意識化する

　地域区分と地域意識　地域を民俗学的に見つめること、言いかえるならば、地域を日常の暮らしのなかから課題としてとらえることは、それほど簡単なことではないかもしれません。しかし、そのきっかけや糸口はいたるところに存在していることも確かです。その例として、天気予報をとり

上げてみましょう。

　日常の暮らしのなかで、それほど意識せずに、自分たちの生活している地域の天候の予想は、行動のひとつのよりどころとして組みこまれていることが多いのではないでしょうか。その際にメディアではどういった地域区分で天気に関する情報が盛り込まれているか、考えてみましょう。

　例えば、九州の南端の鹿児島県では、いろいろな区分がありますが、薩摩、大隅、種子島・屋久島、奄美といった分け方で天気予報に関する情報が提供される場合が多いように思われます。地形や歴史、もちろん、過去の気象データなどを考慮して、このように鹿児島県を区分し、情報が提示されるわけですが、九州以外の土地に暮らしている人にとっては、こうした区分がすんなりと頭に入るかどうかは分からず、いささか難しい地域認識といえるのではないでしょうか。

　遠く離れた本州北端の青森県では、津軽、下北、南部と分けることが一般的です。そして、南部のなかでもさらに三八、上十三とさらに分ける場合があります。三八は三戸郡と八戸市をさし、上十三は上北郡、十和田市、三沢市をさすのですが、こうした地域区分はその名称そのものからして、青森県となじみのない生活をしている人にとってはかなり難しいですし、第一、地名の漢字が読めないかもしれません。

　どちらの県でもどうしてそういう区分をするのか、についてすぐに納得のいく説明をすることはいささか厄介です。しかし、その一方で、こうした区分は県内で生活している人にはしっくりきますし、説得力のある地域のとらえ方といってもいいと思います。自分たちの行動の予定をたてるときに、こうした地域区分を利用し、それを自らのくらしに投影して、日常を営んでいるのです。

　日常に溶け込んだ地域意識　つまりそれぞれの県内で、日常を編み上げていくときに、こうした区分はかなり有効で、生活の枠組みとしては便利なものといえるのです。地域とそれをめぐる意識は、このように日常のなかにさりげなく溶かし込まれていて、極端に難しいものでも、抽象的なものでもない、と言えるでしょう。そうしたものとして地域をとらえ、その来し方——つまり、歴史——や、特徴——それを文化と大まかに呼んで

おきましょう――を考えることが必要です。おそらく現在の地域の特徴は、地域がたどってきた歴史に根っこがあるでしょうし、地域の未来を考えるためには、現在の特徴をしっかりととらえておかねばならないでしょう。

2.2 拠点をとらえる

　地域に不可欠の公共の"場"　その際にどういった要素に目をつければよいか。さまざまな地域の姿を広く見渡すためのアクセスポイントになるのは何でしょうか。それをここでは拠点といういいかたで、ひとくくりにしたいと考えます。地域において歴史や文化を考えるよりどころ、参照点といった意味合いです。

　それは地域の多様な歴史的な史資料が集積している"場"であり、そうした存在が地域において交流や結合のシンボルであったりします。具体的には、前近代においては、寺社や村の広場、あるいは集落の中心となる本家筋の家などがそれにあたる機能を果たしていました。また現代においては、公民館や歴史民俗資料館、あるいは図書館のように、社会教育、生涯学習のための公共空間であったり、地域の文化財を保存し、伝えていくためのスペースである場合も少なくありません。

　そしてこれらは、地域を対象としたり、フィールドとする学問研究のなかで、さまざまな位置づけが行われたり、なくてはならない根幹の存在として扱われています。地域に暮らす人びとにとっては、不可欠の公共の"場"であることはいうまでもないでしょう。

　宮城県気仙沼市の尾形家　具体的に考えてみましょう。図1.1は、宮城県の気仙沼市小々汐地区にあった尾形家です。この家は、小々汐集落の中心であったイエで、集落のほとんどの家と親戚としてつながりがあり、さまざまな行事や儀礼がおこなわれる場でもありました。200年ほど前の文化7年(1810)に建てられたことがはっきりしており、この地域の漁業をはじめとする生業や生活に関する古文書類や民具・生活用具などもたくさん伝えられていました。

　こうした地域における歴史や文化を考える拠点は、学問的に、あるいは行政上はさまざまな位置づけや法的な背景があったりしますが、ここで

図1.1　宮城県気仙沼市小々汐地区のオオイ、尾形家（勝田徹氏撮影）

は生活のなかで、人びとが集まり、自分たちの生活をふりかえり、労働や
経済性以外の価値や意義を見つけ出す"場"であったり、空間である、と
いった点に大きな価値があるということを指摘しておきたいと思います。

　つまり、尾形家はこの地域の歴史や文化を考える拠点であり、前近代以
来の生活の積み重ねのなかで形作られた貴重な"場"であったといえるで
しょう。そしてこうした場や空間になくてはならないのが、地域の長い生
活の積み重ねや繰り返しから生まれた文化財だと言えます。もちろん文化
財にはさまざまなものがあり、また文化財保護法のような国の法律だけで
はなく、市町村の条例などでも保護したり、継承の条件を整えることが推
奨されたりしているものです。しかし、それはあくまでも法律的、行政的
なものであって、地域の歴史や文化を考える材料という本来的な意味から
すると派生的な位置づけであることはいうまでもありません。

　拠点そのものが文化財　行政や法律によって裏づけられたり、指定され
ていなくても、歴史や文化を考えるという本来の目的からすれば、ある一
定の"場"とそこに集約・集中するモノや人間集団が、それらの価値や意
義を見出していくことになると思われます。ここではそうした"場"、す
なわち拠点をとらえることが地域を考える入口であると同時にシンボルで

5

もあり、さらには利活用の中心になり得ることを確認したいと思います。

　さらにこうした"場"や拠点そのものが、地域の文化財であるともいえるでしょう。ただし、文化財といういい方のなかにはいろいろな問題があります。そこで少し回り道をして文化財という考え方そのものを改めて考え直してみましょう。

2.3「財」「遺産」から「資源」へ

　文化財・文化遺産という言葉がもつ価値基準　歴史や文化を考える材料を文化財と呼ぶことは広く行われていて、親しみやすいものになっています。文化財という字面から言うのであれば、まさにそれらは「財」であり、財産や、あるいは財宝ということばが連想できるように、価値のあるもの、大切にしなければならないもの、という評価が、そのことば自体に溶かし込まれているといえるでしょう。さらにそのために文化財は、過去や来し方の良かったこと、輝かしいこと、いつまでも忘れたくないことが、具体的に現されたものという意味合いを帯びることもあります。

　しかし、それは今日の学問水準でいうと、いささか大雑把で問題がないわけではありません。およそ、人類の歴史や文化を考える際に、良かったことや輝かしいことばかりではないことは明らかです。悪いこと、反省しなければならないこともあり、時には忘れ去りたくなるようなことも確かに存在していたのです。そうした歴史やそこから生み出された文化を考える際には、ただ「文化財」というのではなく、「負の文化財」とか「マイナスの遺産」という言い方をする場合があります。それは、文化財という語が知らず知らずのうちに帯びてしまっている性質をよく示しているといえるでしょう。文化「財」なら悪いものであるわけはない、という前提にわれわれがとらわれてしまう危険性があるのです。

　同じようなことは文化遺産ということばにもあてはまります。遺産といったとき、それは何らかのプラスの意味や価値があるということになってしまいがちです。しかし、「負の遺産」などともいい、また借金を相続するということがあるように、遺産、それも文化に関わるものはいつでも、誰にとってもプラスの存在であるわけではありません。

　価値からの解放　そうしたあらかじめ言葉に込められている価値判断から自由であるために、近年では文化資源という言い方が用いられるようになってきています。ここでもそのことと、それにまつわる認識について確認しておきましょう。

　資源といういい方は、われわれのくらしに用いられる原材料といった意味が素朴なものですが、最近では、もう少し厳密な意味を持たせて用いられるようになっています。特に自然のさまざまな事物ではなく、人間社会から生み出された文化にまつわるものの場合は、まず、どういった目的で、何に対して資源たり得るのか、資源と名づける際の目的が問われます。どのようなことを目標として用いられるものなのか、資源として扱う方向性が問われるのです。

　立場によって変わる資源とゴミ　次に、そうした資源はどのような主体がどういった立場で、資源とするのか、といった点も問題になります。立場や利用する主体によって資源である場合と、必ずしもそうではない場合とがあり得るということが意識されなくてはなりません。

　具体的な例で考えてみましょう。日常の生活の中で「資源ゴミ」といういい方を聞いたことはないでしょうか。これは大変に奇妙な表現で、本来ならば対立する概念であるはずの「資源」と「ゴミ」とがつなげられています。一見すると矛盾しているこのことばに込められているのは、ある立場や目的を持つ人にとっては資源となるものが、また別の立場および目的に寄り添えば、ゴミであるということです。対象となるものが異なるのではなく、それと向き合う側の立場や目的が異なることで、対象が資源にもなり、ゴミでもあるということになるのです。

　ですから、文化財や文化遺産といった、うっかりするとプラスのイメージだけを最初から帯びている用語を用いずに、中立的で、絶対的な価値判断などはあり得ないという姿勢を示すために文化資源ということばをここでは使ってみたいと思います。そして、いささか遠回りをしましたが、そうした留保をしたうえで、地域における歴史や文化に関する"場"の位置づけを考えてみましょう。

2.4 瓦礫はゴミではない——気仙沼からの認識——

瓦礫の山に向き合う　2011年3月11日に起きた大きな地震によって日本列島のなかでも東北地方の三陸沿岸をはじめとする太平洋に面して地域は壊滅的な被害を受けました。東日本大震災です。特に想定をはるかに超える津波の来襲によって、生活を支え、日常の維持に不可欠なさまざまなものが瓦礫と化してしまいました。先に地域の歴史文化を考える拠点の例として挙げた気仙沼市小々汐の尾形家も津波によって倒壊し、小々汐地区全体が壊滅的被害を受けました。この地域ではオオイ——大本家という意味でしょう——と呼ばれていた尾形家とその周辺は瓦礫と化してしまったかに思えました。地域において長年、育まれ、蓄積されてきた文化は消滅したかのようでした。

そうした文化の消滅の危機に立ち向かうために、人命の救助やライフラインの復旧の次におこなわれたのが、いわゆる文化財レスキューという作業でした。これは被害を受けた地域の文化財を保全し、後世に伝えていくための準備をおこなうことをさします。その際に具体的に向き合うことになったのは、瓦礫の山であり、作業としてはそこから文化や歴史に関わるものを拾い上げ、洗浄し、安定させて、後世に伝えることができる状態にすることでした。

瓦礫はゴミではない　小々汐地区で私たちは尾形家の家族の方々と一緒に、瓦礫を片づけ、その中から、かつての日常生活を構成していたものを一つずつ取り出し、確認しながら、保存にむけての方策を考えていきました。そうした作業をおこないながら、私たちが気づいたことは、瓦礫は決してゴミではないという事実でした。瓦礫となっているモノは津波によってそれまでの秩序が崩れて、散乱した状態でありましたが、適切な手続きを施すことによって、この地域の文化や歴史を考えるための手がかり、地域文化の資源になり得るものだ、という認識にたどりついたのです。そしてそのことを意識することで、終わりがないように思われたレスキュー作業が、一つの目的にいたるプロセスとして位置づけることができるようになったのです。瓦礫はゴミではなく、地域の歴史や文化を復元し、後世に伝えようという目的のもと、文化資源としてとらえることができるようになったのです[小池・葉山2012]。

図1.2　国立歴史民俗博物館第4展示室における尾形家復元展示（筆者撮影）

　資源を再認識する　かつてのこの地域の生活の記憶を、人びとから聞き取り、瓦礫のなかから見出したモノと結びつけ、歴史や文化の資源とすることを、国立歴史民俗博物館(以下、歴博)ではいくつかの具体的なかたちにしていきました。気仙沼市の教育委員会と協働して、安定化の処置をした資料として保存すること、そのプロセスを映像として記録すること、また、それらの資料のうちのいくつかを歴博の総合展示(常設展示)に組み込むことなどです(図1.2は尾形家を復元した歴博の展示です)。さらにかつての日常生活用具を糸口に人びとの語りを映像作品とすることもおこないました。
　東日本大震災というとてつもなく不幸な災害によって消滅したかと思われた地域の文化や歴史を、こうした方法で少しでも後世に残し、次の世代がこの地域で暮らしていくときのヒントや材料としようとしたのです。それは期せずして、地域を深く見つめ、そのための資源の存在を再認識する作業でした。
　拠点を中心とした地域研究　気仙沼市小々汐地区というひとつの地域を凝視し、掘り下げるという作業を通して、地域研究をめぐる認識や方法を新たに積み上げることができました。地域を拠点あるいは"場"という考

え方で、まず押さえ、そこから歴史や文化を追究し、再構成することがその一つです。そして、二つめとして、さらにその"場"をよりどころにしながら、次世代への継承、発信を模索していくことができるのではないか、ということも見えてきたように思えます。地域というものが持つ豊かで深い可能性がここに示されているといえるでしょう。

3　地域をつなげる——資源の凝視・活用による新しい地域像——

3.1 さまざま地域の歴史——沖縄と北海道の例——

　複数の地域を見つめる必要性　ここまで、地域を意識化し、拠点に焦点をあてることで、ひとつの地域を見つめ、災害にあって歴史や文化が失われたように思われる土地でも、その再構成や発信が可能であるということを述べてきました。次にこうした地域を複数見つめ、相互につなげることで見えてくる文化や歴史について考えてみたいと思います。

　そうした複数の地域を取り上げることがなぜ求められるのか、を最初に考えておきましょう。結論から述べると、私たちは目の前の日常的な地域を単位に物事を考える場合があるのですが、そうした当たり前に思える地域が、実は歴史や文化に注目することで異なった相貌を見せることがあり、それは私たちの思い込みや不正確な認識を修正してくれる可能性を持つからなのです。

　沖縄がたどった歴史　具体的に考えてみましょう。沖縄は今日、日本のなかの一地方として認識されています。しかし、150年前に遡ると、外国でした。琉球王国という独自の国家だったのです。1879年のいわゆる琉球処分によって日本の明治政府のなかに組み込まれ、沖縄県となりました。その後もさまざまな歴史が刻まれ、第二次世界大戦では地上戦が行われ、その後はアメリカ合衆国による統治を受け、1972年に日本に復帰しました。

　こうした歴史は沖縄を中心とする地域を考える上では常識ですが、日本全体という単位で歴史を考えるときには看過されがちではないでしょうか。しかし、沖縄の島々を含む日本列島とその周囲の地域にとってこうした違いを意識すること、沖縄がたどった歴史を見落とさないようにすることは、日

本という地域の歴史と未来とを考える上で大変に重要ではないでしょうか。

　北海道がたどった歴史　同じようなことは北海道にも言えます。北海道も150年ほど前、1869年に明治政府が北海道という行政区分を制定したところから、字義通りの意味での北海道の歴史が始まるということができます。もちろん、それ以前に北海道と呼ばれるようになった土地は存在し、そこにはアイヌ民族をはじめとする人びとの生活と文化とがありました。北海道という名前が与えられたことで、近代国家日本の一地域となったわけです。その際に地域における人びとの独自の文化や歴史は意識の外に押し出されてしまう危険性がないわけではない、ということに注意しなければなりません。地域の歴史や文化を丁寧に見つめ、位置づけや価値を考えるという立場からすると、沖縄と同じように独自の歴史を刻み、文化を生み出してきたこうした違いを忘れずに、日本の全体像のなかに組み込むことを絶えず意識する姿勢を忘れてはならないのです。

　複数の地域を意識して　最初から日本といった大きな単位や枠組みで地域をとらえるのではなく、逆に身近で具体的な地域とその生活の姿に視座を据えて、そこから歴史や文化を考える姿勢が大切です。その親しさや具体性を手放さずに、そこでの経験や知識を意識しながら、他の地域を見つめ、文化とそれを表象する資源をとらえていくべきでしょう。複数の地域を互いに意識し、比較しながら見つめていくことで、思い込みや決めつけから自由になるでしょう。そうした視点や意識を押し広げることで、例えば日本のような大きな範囲の地域文化の様相をとらえることが、本当の意味で可能になるといえます。

3.2 広域合併と文化資源

　秋田県大仙市の展示施設　沖縄や北海道と日本という例は、大変に大きくわかりやすいのですが、同じような考え方で市町村などの地域とその文化を考えるということも重要です。これもまた具体例を挙げてみましょう。秋田県の大仙市は2005年に大曲市・神岡町・西仙北町・中仙町・協和町・南外村・仙北町・太田町の一市六町一村が合併して誕生した秋田県内第三位の人口を持つ自治体です。この大仙市には16の文化展示施設があ

ります。合併以前の自治体、またそれぞれの地域の歴史と文化をふまえた必要性や要請によってこうした多くの地域文化の“場”が存在しているわけです。このことは、行政上の合併とは方向性の異なる事態のようにも思われます。しかし、沖縄や北海道のように大きな、そして独特の文化を持つ地域と同じように、大仙市の中にもそれぞれ独特の地域文化があり、それを生み出した歴史があることを考えれば、文化展示施設が複数あることは意義深いといえるのではないでしょうか。

　少なくとも、現代の行政の区分だけでは見えにくい地域の個性や独自性の存在は、こうした文化財とそれらを展示するシステムが存在することで保証されていると見なすことができます。前節で述べた文化資源という考え方をあてはめれば、こうした展示施設自体を文化資源としてとらえ直すことも必要なのかもしれません。

　変化する展示施設の機能　大仙市のこうした施設を見ていると、地域文化の様相として、興味深い問題をいくつか見出すことができます。16ある地域の文化に関わる施設、ここでの見方からすると歴史文化の拠点は、考古学、歴史学、民俗学といった学問的な立場からの施設だけではありません。地域の遺跡や遺物、行事や産業などを中心に構成された施設が多く、単純に博物館、歴史民俗資料館というとらえ方では充分ではないものです［小池2016］。

　さらに施設の維持管理上の問題から、恒常的に一定の役割を担い続けるのではなく、さまざまな条件に配慮して、担っている機能が変化する場合もあります。例えば、旧協和町にあった「くらしの歴史館」は、2012年に旧峰吉川小学校の校舎を利用して開設され、市内各地に点在する資料館・収蔵庫の資料を集約し、約4000点の資料が展示されていましたが、2019年度からは「大仙市民俗資料収蔵庫」として、展示よりも資料の収蔵、保存に力点を置く施設に性格が変わりました。展示されていた資料の一部は、同じ大仙市の南外民俗資料交流館と仙北歴史民俗資料館に移されました。これは建物の状況と広域合併後の環境変化により、資料の保存と公開の“場”を柔軟に組み替えていく動きのひとつということができるでしょう。

　温泉や会議室とつながった文化施設　また大仙市の南外民俗資料交流館

では、国の登録有形文化財「秋田南外の仕事着」（平成26年指定）の収蔵および展示をおこなっています。そうした仕事着以外にも民具や生活用具のコレクションを持ち、「交流研修室」では露出展示がおこなわれています。そして旧南外村の温泉施設「南外ふるさと館」に併設されており、両者は渡り廊下でつながれています。地域の人びとが日常的に利用する温泉と文化施設とが近接することで、地域の現在と過去とが結びつくようになっているのです。この資料館に交流の文字が冠されているのは、名称だけではなく、実体が伴っているのです。

　大仙市には温泉が多く、南外民俗資料交流館以外にも同じ敷地内や隣接して文化施設が設けられているところがあります。これらの施設は日常生活や観光と連続したかたちでの運営が可能であり、地域の文化資源を単なる収蔵に押し込めてしまわずに地域生活の現在と連結させていく方向を示しているといえるでしょう。

　また新しい文化施設としては2020年から、国指定重要無形民俗文化財である「刈和野の大綱引き」を中心とした大綱交流館(大綱の里伝承館)が会議室や研修室を含むかたちでオープンし、無形文化財の保存・継承と地域の生涯学習活動とが同じ空間のなかで進められるようになっています。さらに2017年にオープンした大仙市アーカイブズはいわゆる公文書と地域史料の保存・活用を目的とする文書館ですが、大仙市全体の文化財や生涯学習とも連携しながら、活動を多元的に展開することを志向しています。こうした施設、拠点間の連携や交流によって、個々の建物（＝「ハコ」）を超えた歴史文化の拠点が構築されていくことが期待できると思われます。

　その背景には、これらの施設が、必ずしも設置・建設の財源が文化財関連に特化したものではなく、多様な財源を積極的に導入、活用して作られてきたということがあります。そして地域の生活の現状と連携する姿勢を地域の文化発信やアイデンティティの確認につなげているのです。

　地域住民の参加　文化財は過去の遺物に過ぎないという限定的な捉え方から脱して、その保存や管理に学術研究の枠組み以外の発想を採用していくという姿勢を、この地域からは見出すことができるでしょう。特に地域住民の参加が意識されていることが、地域コミュニティの核としての文化

資源の利活用の可能性を担保していると思います。それによって新しい広い大仙市の歴史文化を身近な地域から考える手がかりとなっていて、地域における歴史や文化の多様性・多層性を反映することにつながっているわけです。

3.3 下北半島の民俗文化——石のすがたに着目して——

恐山という"場"の意味　最後に地域の文化を、特に民俗学的な観点から見つめて、その特徴と可能性とを考えてみましょう。対象として取り上げてみたいのは、本州の最北端、青森県のなかでも津軽海峡をはさんで北海道と向き合う下北半島です。

　この下北半島の中央部には全国的によく知られた歴史文化の拠点、"場"があります。恐山です。恐山は、この世の地獄と称され、下北半島はもとより、青森県をはじめとする東北地方や海を隔てた北海道の一部でも死者の霊魂の行くところ、と信じられてきました。そしてイタコと呼ばれる人びとに依頼することによって死者のあの世からのメッセージを受け止めることもできるとされてきたのです。

　民俗学的にはこうした山のなかの特定の空間に霊魂が宿るとする考え方を山中他界観といいます。またイタコのような存在は、シャーマンと呼ばれて研究が進められていますが、恐山という"場"はその両方が現出する空間として注目されてきました。

　実際に恐山を訪れてみると、この世の地獄と言われることが即座に納得できる"場"であることがわかります。奇妙なかたちをした岩や石が並び、ところどころから硫黄が噴出していて、その臭気が鼻を襲います。視覚だけでなく、嗅覚からも異常な気持ちにさせられるところです。そうした自然のなかに地蔵菩薩を祀る堂舎が建てられ、東北の各地から老若男女が群参する信仰の"場"でもあります。

　民俗学は、この恐山について、その信仰の基盤には仏教で地獄からの救済をおこなうとされてきた地蔵への信仰が存在しており、日常的には主として下北半島の各集落における女性たちの地蔵講によって支えられていることを明らかにしてきました[桜井1974]。そしてこの世の地獄にわざわざ

14

登っていき、親しかった死者への思いを新たにし、供養というのが恐山という"場"の持つ意味でした。宗教学や歴史学の視点からその形成過程の分析も進められています［楠1984］［宮崎2007］。

　自然発生的な霊魂祭祀、供養　そうした恐山に寄せる人びとの思いを丁寧に観察していると、興味深い事実を見出すことができます。それは恐山を宗教的に管理している寺院とは別に、自然発生的に多くの似通った行為が積み重ねられているのです。その行為とは、恐山に石を持ちこんで、個人の何らかの供養のしるしにしていく、というものです。恐山は墓地ではないのですが、まるで霊園のように墓のような死んだ人の戒名を記した石が持ち込まれて、一部には置かれています。こうした行為がいつから、誰によって始められたかは分かりません。しかし、寺院がおこなう卒塔婆などによる死者の供養とは別の、そしてどこか奥底ではつながっている行動であることは確かです［鈴木2007］。

　そうした視点に立って恐山という空間を見てみると、近世に遡る墓石もないわけではなく、それらは石なので半永久的に残って、死者供養の永続性を希求する人びとの願いを表したものになっているようにも思われます。いわば、これらは石に願いをこめる自然発生的な霊魂祭祀、供養のありかたということもできるでしょう。

　このように恐山という"場"は生きている者が死んでしまった者に対しての思いを表現し、そうした行為の痕跡が長年にわたって残されている空間ということができます。そのことを念頭において恐山を凝視することも興味深いのですが、視点を広げると下北半島の他の地域にもそうした現象が存在していることにも気づくのです。

3.4 恐山と連なる"場"

　仏ヶ浦の地蔵菩薩　下北半島における恐山と類似の死者への思いを感じさせる"場"として、まず挙げなければならないのは仏ヶ浦（図1.3）です。ここは鉞のかたちをした下北半島のちょうど刃の部分にあたるところで奇岩の並ぶ観光地として有名になっていますが、ここにも恐山と同じように地蔵菩薩が祀られています。そして恐山の奥の院といういい方で、やはりど

図1.3　青森県下北半島の仏ヶ浦の景観(筆者撮影)

こかしら、つながりのある場所として民俗的に意識されてきたのです。このことは山中他界であるところの恐山が、実は同じ下北半島でも海に面した空間である仏ヶ浦と対になっており、霊魂の行先として仮想されるあの世、すなわち他界が、海とも深く関わっていることを示しています。これは民俗学では山中他界に対する海中他界という概念で説明されるものです。

　脇野沢村寄浪集落の子持ち石　もう一か所、同じ下北半島のなかで、恐山とは異なる"場"ではあるものの、伝承の上ではつながりを持つとされてきた場所があります。それは陸奥湾に面した脇野沢村寄浪集落で、かつてはここの浜で見つけることができる子持ち石が、恐山に参った人がさらに捜し求めるものでした。もう下北半島でも、ほとんど記憶から失われかけているのですが、かつて恐山に参った人は脇野沢村寄浪集落まで足をのばして「子持ち石」(図1.4)を拾う習慣があったのです。ここまで来て「子持ち石」を拾うことで恐山へ詣でる儀礼が完結するという意識がかつてはありました[高松1993]。

　現在では港湾整備によって「子持ち石」を拾うことは難しく、恐山—仏ヶ浦のような緊密な結びつきも忘れられかけています。しかし、石を恐山に

図1.4　青森県下北半島寄浪集落の子持ち石（筆者撮影）

納めることに対して、寄浪では石を拾い上げることが、何らかの意味のある行動とされていたことは重要です。なかでも興味深いのは、こうした「子持ち石」を拾い、家に持ち帰って神棚などにあげておくと子どもが授かる、という言い伝えがあったことです。この伝承は恐山という山の中の死者をめぐる儀礼の"場"に対して、寄浪の「子持ち石」は、海辺から生命を招き寄せるという意味があったことを示しています。

　仏ヶ浦と同じく、寄浪のかつての浜辺は海中他界ですが、そこは他界といっても死ではなく、生命の誕生と結びつけられていたのです。

　広域にわたる石の信仰　恐山だけではなく、仏ヶ浦、寄浪の子持ち石と対象とする地域を広げ、関連する要素を並べてみると、下北半島という大きな範囲の地域で石をめぐる伝承が、人間の生死と関連して生み出され、受け継がれていたことが分かってきます。そしてこうした"場"における石と死者供養との関係を考えると、恐山だけでは見えにくい生と死との関係を下北半島全体でとらえることができるように思われます。

　このように広域にわたって下北半島の石の信仰をとらえることで、生と死とを石を媒介にしてつなげる循環的な霊魂観が見えてくるのです。この

ことをさらに下北半島全体がジオパークとなっていることとつなげてみると、地域の過去の特色が、地域の未来像にもつながっていくように思われます。

　ジオパークとは、人びとの暮しと自然・大地とのつながりを意識し、継承していこうとする考え方ですが、下北半島の石をめぐる生と死の民俗的な観念はまさにそうした理念と響き合います。地域を見つめ、さらにそれをもとに他の地域とも関連づけ、つなげることでより一層、地域の特徴が明らかになることが、ここからもわかるでしょう。

4　結び

　地域を考える調査・研究の視点と方法について、主として民俗学的な立場で考えてきました。ここで述べたことをまとめてみます。

　第一に、地域における暮らしのなかで歴史や文化を意識することができる拠点を見出し、それをどのようにして組織し、維持していくか、ということが重要だということがいえると思います。そうした調査・研究・保存・活用を保証する"場"を意識しなければなりません。

　第二に、地域で得られた知見を大切にしながら、さらに地域の概念を柔軟に変化させながら、広い地域をとらえたり、地域と地域とを比べたり、つなげて考えてみたりしていくことも重要です。

　こうした視点で次のことを考えてみましょう。

　まず、①歴史や文化の拠点を私たちの日常の暮らしのなか、地域文化が生きて展開しているなかで探してみましょう。そしてそれらが持つ意味をさまざまな角度から考えてみてはどうでしょうか。それらは必ずしも建物である必要はなく、一定の空間とそれに対する認識やその価値を再生・再認識していく存在です。

　次に②地域を一定の視点に基づいて、比べ、あるいはつなげてとらえることで見えてくる特質・特徴について考えてみましょう。これは地域を固定した一定の地理的な区分だけとはしないことともつながっています。

　それは自治体などの行政的な枠組みをこえて、歴史や文化を考えること

18

でもあります。さまざまな要素に着目し、それぞれの特徴から地域を現在の行政区分に縛られずに把握してはどうでしょうか。さらに、その歴史的文化的な深度を探っていくことは難しい面もありますが、やりがいのある作業です。それによって地域そのものの見え方が変わっていき、新しい地域像の提示へとつながるからです。

　こうした視点と姿勢を持って、まずは身近な地域を見つめることから出発して、それを少しずつ広げていくことで、地域は、新しい姿で私たちの前に現れ、豊かで多様なものとして捉えていくことができるでしょう。ここで取り上げ、考えてみたことを土台、あるいは参考にして、地域研究の新しい扉を開いていきませんか。

参考文献
楠正弘［1984］『庶民信仰の世界──恐山信仰とオシラサン信仰──』未來社
小池淳一・葉山茂［2012］「民家からの民具・生活用具の救出活動──宮城県気仙沼市小々汐地区──」国立歴史民俗博物館（編）『被災地の博物館に聞く──東日本大震災と歴史・文化資料──』吉川弘文館
小池淳一［2016］「大仙市における文化財展示施設の現状と可能性」『西郊民俗』237号、西郊民俗談話会
桜井徳太郎［1974］「下北半島の巫俗と信仰」『日本のシャマニズム（上）』吉川弘文館
鈴木岩弓［2007］「霊園化する「霊場恐山」」『東北民俗』41輯、東北民俗の会
高松敬吉［1993］『巫俗と他界観の民俗学的研究』法政大学出版局
宮崎ふみ子［2007］「霊場 恐山の地蔵と温泉」日本温泉文化研究会（編）『温泉の文化誌──論集温泉学Ⅰ──』岩田書院

読書案内
小池淳一［2019］「盆棚と薬箱──救出した文化財から「歴史」を考える──」『国立歴史民俗博物館研究報告』第214集、国立歴史民俗博物館
久野俊彦・小池淳一［2018］『新しい地域研究の可能性を求めてVol.2 歴史と文化のよりどころを求めて──福島県只見町から──』人間文化研究機構
高松敬吉・宮本袈裟雄［1995］『山と信仰　恐山』佼成出版社

第2章

地域資料をめぐる人びと

丹 羽 謙 治

1　問題提起

　現在、日本社会の中で大きな問題となっているのは、少子高齢化に伴う後継者不足の問題です。大都市における人口集中に対して地方、特にその周縁部においては限界集落という語に象徴される深刻な過疎化が進み、その対応が喫緊の課題となっています。地方の歴史や文化を担う者も高齢化しており、地域を担う人材を確保することが困難になっているのです。

　近年までは地域の資料を収集、研究する人は多く、教員や歴史愛好者などが地域史のリーダーとして影響力を保持していましたが、このところ地域資料を扱う人、あるいは関心をもつ人が急速に地域から消えようとしています。

　私は故郷から遠く離れ地縁の全くなかった鹿児島にやってきて、28年にもなります。この間、教育・研究に携わるなかで地域の資料を扱うことが少しずつ増え、現在はその面白さや奥深さに惹かれています。

21

地域と地域の資料に関わった故人やその業績は目立たないことが多く、評価されることが少ないのではないでしょうか。しかしその業績は論文などの形ではなくとも、地域のことを知る手がかりを与え、我々に恩恵をもたらしてくれています。そうした埋もれた存在を紹介し、その研究方法を検証し、彼らの業績を評価・顕彰することで、地域の歴史を未来に継承する際のヒントを得ることができないかというのがこの章の課題です。

2　地域資料にかかわる人びと

2.1 木脇啓四郎——薩摩の文化官僚——

　地域資料に出会うまで　鹿児島に赴任したのは平成6年(1994)の4月のこと、飛行機に乗り慣れない私は小倉の新聞社に勤めていた友人宅で一泊、翌朝小倉から鹿児島本線の特急列車に乗って鹿児島入りしました。5時間の列車の旅でしたが、熊本を過ぎ、八代を過ぎると車窓から見える風景が徐々に南国風に変わってきて、停車する駅でひとりふたりと下車していくとだんだん心細さが増してきたのを今でも思い出します。終着駅の西鹿児島駅(現在の鹿児島中央駅)前はがらんとしており、孤独感を嚙みしめつつ宿舎に向かいました。

　もともと江戸時代の文学および出版が研究の中心でしたが、長年にわたって関わってきた在京の研究者たちとの関係は強く、赴任後数年間、意識はいつも東京を向いていました。大学という環境も、北は北海道から東北、関東、中部、近畿、中四国、それに九州と、鹿児島県以外の出身者が多数いるなかで、地元の人とは事務の人や学生と学内で接するのみで、地域に出て行って地域のことに深く関わる必要を感じませんでした。現在の若手の研究者を見渡すと、着任1、2年目から積極的に地域に出ている姿を見ると、彼我の違いに驚かされます。

　地域資料に関わるのに数年を要しましたが、専門分野の資料——版本——を探し調査することを少しずつ始めました。近世において出版は重要な研究対象であるため、鹿児島に来て薩摩藩の出版物の網羅的な書誌調査を行うことを目指したのです。

木脇家資料との出合い　薩摩藩の出版物（薩摩藩版）については、八代藩主の島津重豪、十一代藩主の島津斉彬、斉彬の弟で国父として幕末期の藩政を主導した島津久光、この三人が大きな役割を果たしています。このうち久光の出版事業に木脇祐尚という薩摩藩士が深く関与していることが書誌調査から浮き彫りになってきました。しかし、この人物の存在を知り調査を始めましたが、いくつかの資料の断片は出てくるものの、その人物像や業績全体を示す資料はなかなか出てはきませんでした。

そうしたなか、鹿児島大学名誉教授の五味克夫先生から、子孫の方が山口におられること、五味先生が鹿児島に赴任された時、木脇家の隣の借家に住居を定められたこと、木脇祐尚の曾孫に当たる祐順氏が山口大学農学部におられ交流があったこと、同時期にそれぞれの大学の図書館長を務められたことなどをご教示いただきました。その後、同僚の原口泉氏の父虎雄氏の蔵書（童虎山房）のなかに、祐尚が晩年に自己の生涯を回顧した『萬留』という資料のコピーがあることがわかり、早速その解読を始めました。当時の原口泉先生とその門下の大学院生と一緒に、注釈をつけながら翻字をしていきましたが、翻字が完成するまで少なくとも3年を要しました。

その後、祐順氏より『萬留』の原本やその他の資料類が見つかったとの嬉しい連絡が入りました。これにより解読が進捗し同資料の奥深さや重要さが徐々に判明することになりました。

木脇啓四郎という人物　まず初めに木脇啓四郎の履歴と業績を簡単に記しておきましょう。

啓四郎は、諱は祐尚、後に祐業、幼名を金時、藤淵、啓阿弥、啓四郎など人生の節目で名前を変えていきますが。以後は啓四郎で統一します。文化14年（1817）4月に父祐長の赴任先の沖永良部島で出生。母は島妻の米松。2歳で父が病没、母の手で育てられます。8歳の時に実母と別れ鹿児島の木脇本家に引き取られ、その後、上荒田郷中で、薩摩藩独特の教育制度で、先輩が後輩を指導する、「郷中教育」を受けます。本家には娘2人のみであったので、将来妹娘のカネと結婚させて本家を継がせることが決まっていたといいます。ところが、文政13年（1830）に本家に男子が生まれます。のちの義理の弟となる木脇祐治です。啓四郎は鹿児島城へ茶坊主として出

図2.1　木脇啓四郎（中央）とその息子たち（鹿児島大学附属図書館木脇家文書蔵）

仕することになりました。薩摩藩の天保の改革で知られる調所広郷や、幕
末維新期に活躍した海江田信義、初代の鹿児島県令の大山綱良なども茶道
方を経験しています。茶坊主は当時の薩摩藩において困窮する藩士の家を
救済するためのポストでもありました。

　本家から出された啓四郎は、持ち前の器用さから茶道、花道、絵画等の
技術を身につけます。天保期、嘉永期と二度にわたって江戸詰を経験し、
幕府の甲冑師の明珍家から甲冑製作法を、幕臣栗原信充から有職故実を
学び、鹿児島に帰ると、城下に新設された甲冑製作所の責任者となり、古
式に則った甲冑、武具を量産します。これは来るべき西洋列強との戦いに
備えるためでした。結果的に、製造した甲冑は大砲や鉄炮の時代にあって
無用の長物となってしまいますが、長く平和が続いた当時は戦といえば鎧
や兜の製造がまず想起されたのです。その後、啓四郎は還俗して各地の地
方官を歴任、明治維新後は、博覧会事務局に出仕し、また島津家から経営
を引き継いだ苗代川陶器会社の経営に携わり、西南戦争後は鹿児島県・沖
縄県の勧業政策を支える出版物『薩隅煙草録』『覈海魚譜』『琉球漆器考』の製

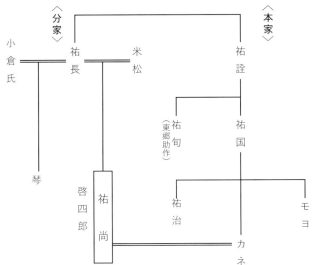

図2.2　木脇家略系図

作に関わりました。晩年にも鹿児島で唐湊鉱泉を発見するなど、鹿児島県の産業や文化の振興に努め、明治32年(1899)2月23日に83歳で逝去しました。

　　資料の解釈をめぐる事件　【資料】(本稿末尾に掲載)は啓四郎の晩年の手記『萬留』の冒頭部分のうち、啓四郎の生い立ちを記した部分です。80歳を過ぎ、子孫のために自身の人生遍歴と交友関係、それに見聞したことを思いつくままに綴った本書は、鹿児島に生きた文化人の生き様を伝える貴重な資料であり、薩摩藩士が書いた自叙伝として大変珍しいものです。

　では、『萬留』で語られている啓四郎の生い立ちを見てみましょう。

　先述のように、啓四郎は父祐長が見聞役として沖永良部島に渡った際、現地の米松という女性との間にできた子です。父祐長(通称、仁平次)には鹿児島に妻小倉氏とその間にできたコト(琴)という娘がありました。

　祐長は啓四郎が生まれた翌年の2月5日に病死しますが、死を覚悟した祐長は兄や甥たち、姉の夫宛に「細密ノ御遺言」を認めます。

　以下、問題にしたいのはその遺言(【資料】の波線部)の解釈です。

　『萬留』は啓四郎晩年の執筆であることから、内容が前後したり、重複していたりと注意を要するところが多々あります。ここもその一つで、遺言

書の要約が簡潔であるために解釈が分かれる可能性が生じるところです。実際にこの部分の解釈をめぐってある事件が起こったのです。

　まず、この問題の前提となる祐長の沖永良部島との関わりについて資料から確認しておきましょう。木脇祐長は沖永良部島に横目として二度渡っていますが、それを福岡大学研究所(1969)「沖永良部代官系図」によって示すと、次のとおりです。

　　　「寛政十貳年申四月十五日下嶋、享和貳年戌六月上國、

　　　　　　　　　　［表横目］代　　木脇仁平次

　　　　　右仁平次事、川上孫太夫代リ、　　　　　　　　　　　」

　　　「文化十三子五月下嶋、同十五寅七月上國

　　　　　　　　　　横目　　　　　　木脇仁平次

　　　　　　　　　　蔵方目附　　　　山田　伴助

　　　　　右仁平次事、文化十五年寅二月四日致死去、墓所之

　　　　　儀は手々知名村之上江有之候、　　　　　　　　　」

　祐長(仁平次)は寛政12年(1800)4月から享和2年(1802)6月まで、および文化13年(1816)から同15年(1818)2月に死亡するまで役人として島役所に詰めていました。なお、寛政3年(1791)から同5年(1793)まで、祐長の4歳年長の兄である木脇仁右衛門祐詮が附役として沖永良部島に滞在しています。

　『萬留』の遺言は4つの内容からなっています。
　　(1)母上様と姉様は、父上様が作られた家に今まで通り住むこと。
　　(2)姉様(当時17才)には似つかわしい縁組をさせること。
　　(3)啓四郎が上国するまで「御扶持かし」をして生活費を賄うこと。
　　(4)後始末をするために東郷助作(祐長の甥)が下島すること。

　(1)の中の「母上様」「御姉様」とは誰か。これについて私はかつて次のように注釈しました［原口ほか2005：53］。

〔母上様〕仁平次の妻。啓四郎の義理の母。小倉孫左衛門の女。夫の死
　　　　　後、垂水島津家屋敷に奉公に出る（『啓四郎生涯の順序覚書』）。
〔姉様〕　「木脇氏系図」によれば、名はコト。郡元墓地にある祐長の墓
　　　　　碑には「琴子」とある。
〔縁與〕　縁組。仁平次の遺言には「妻幷娘今通にて家屋敷等修復いた
　　　　　し在付罷在候様御下知可被下候。左候而娘事ハ似合之貰手も
　　　　　御座候ハ、御吟味次第縁與奉頼候」とある。

　事件の顛末　出版後、仁平次の子孫と名乗る方から手紙が届きました。
それは、上記の注釈の解説が誤りであることを強く主張する内容のもの
でした。批判の中心は、「母上様」というのは米松（啓四郎実母）のことであり、
「姉様」とは沖永良部島で誕生した姉のことを指しており、遺言書は啓四
郎と姉、および米松の身の振り方を親族に依頼する内容であるというもの
でした。端的に言えば、この遺言書は当時沖永良部島にいる人物（米松、姉、
啓四郎）の処遇に関するものとする主張です。『萬留』において「御姉様」には
「十七才」と割注がつけられていて、これが先方の論拠の一つになっていま
した。これが祐長の死亡時の姉の年齢とすれば、姉は享和2年(1802)の生
まれということになります。上記のように祐長は享和2年(1802)まで沖永
良部詰であり、コトがこの年に小倉氏を実母として誕生することはありえ
ません。やはり、この「姉様」は沖永良部生まれの娘、「母上様」は米松のこ
とを指しているのでしょうか。
　コト（琴）は、鹿児島市郡元墓地の祐長の墓碑にその名が刻まれています
が、啓四郎が記した「明治五年壬申九月　戸籍人員取調帳」に「コト　壬申
七拾歳」とあります。つまり、コトはいわゆる壬申戸籍が作られた明治5
年(1872)の段階で啓四郎一家と同居していたことがわかります。現在鹿児
島大学附属図書館にあるこの資料によれば、コトは享和3年(1803)の生ま
れとなります。そもそも「十七才」という数字自体が啓四郎の記憶の誤りの
可能性もあります。『萬留』の冒頭にも「文化十四年即文政元年牛也」と間違
いが見られるからです、享和2年か享和3年か、資料の取捨選択や解釈に
よっては導き出される事実は大きく変わってしまうことになります。

祐長の遺言はいったい誰のためのものだったのでしょうか。『萬留』は鹿児島の妻と娘あてとも、沖永良部の島妻(米松)と娘あてとも解釈することが可能です。しかし、『萬留』という啓四郎が子孫のために己れの人生や見聞を振り返りまとめたこの書物は、一貫した視点で語られていることに注意をする必要があります。啓四郎は『萬留』の冒頭で実母米松を「母」と表現しながら、父の「妾」であるとし、以後は一貫して「母君」と表現しているのです。遺言書の中では「母上様」とあり、もう一つ別の箇所(14丁表)では、次のように書いています。

　　父上様御植被置レタルハ、大一ツ葉一本、ムルヤ柿二本、山桃大木一本、梅二本有。一本ハ枯タリ。其餘ハ、拙者植付シ木也。大一ツ葉ノ本ニ石塔有リ。是ハ、日新公ヲ背おひ被遊て、一ツ葉ノ処ヘヲロシ奉ルト云夢ヲ御覧アリテ、直ニ夜中ニ母上様ヲ起シ御膳ヲ被召上、暁方井戸の水を御かゝり、御参詣被遊候由。実ニ常人の成難き事柄也。是ハ子孫の為ニ相成候故、留置ものなり。

　祐長が自邸の庭に植えた樹木とそれにまつわるエピソードです。因みに文中の「一ツ葉」とはイヌマキ(犬槙)のことで、これは鹿児島を代表する樹木の一つです。ここで「母上様」が小倉氏のことを指しているのは明らかでしょう。つまり、啓四郎は『萬留』の中で父の正妻(小倉氏)と島妻(米松)とを明確に呼び分け、区別しているということなのです。江戸時代の薩摩藩の支配下では島の人が本土に許可なく登ることは許されていませんでした。また島の人々とは一線を画すことが徹底して教育されていたはずです。啓四郎が嫡庶の別や、正妻(母)と妾(家臣)の別を明確に意識する封建的な倫理を大切にする人物であることを理解しなくてはならないのです。現代の核家族のイメージで近世の「家」を思い浮かべると思わぬ間違いを犯す危険性を上記の例は示しています。批判をされた方は、筆者のこの反論に対して、啓四郎はその時その時で実母のことを呼び分けているのであると主張され、納得はされませんでした。ある郷土史家が米松説で解釈を行っていたことが後押しをしていたことも後に判明しましたが、いずれにせよ、文

28

献を正しく解釈することがいかに困難であるかということ、地域と関わる
方の祖先に対する思いは十分に配慮する必要がありますが学問的に譲れな
い一線があること、祖先と関わると現代の「家」意識がいつの間にか忍び寄
り客観的な認識ができなくなること、これはいつ自分に起きるかもしれな
いことであることを強く認識させられた事件でした。

2.2 加藤雄吉——文学から郷土史料へ——

　加藤雄吉の生涯　加藤雄吉(1873-1918)は串木野郷(鹿児島県いちき串木野市)
麓に、明治6年(1873)年加藤彦十郎の次男として生まれました。父彦十郎
は明治10年(1877)の西南戦争に際して薩軍に味方したため戦後士族の身分
を剝奪されましたが、自己の所有する山から金鉱石を採掘して財をなし
ました。兄の吉彦は熊本の医学校に学び、雄吉は16歳で東京法学院(中央
大学の前身)に入学、文学の道に入っていきます。桂園派の流れを汲む歌人
松浦辰男に入門、その門下の田山花袋や松岡(柳田)国男、さらには森鷗外、
国木田独歩、斎藤緑雨らと交流をもちました。中でも、柳田国男の兄で歌
人・医師としても著名な井上通泰の影響を受け、民俗学や郷土史へと目を
開かれていきます。雄吉は「しがらみ草紙」「心の花」「風俗画報」といった雑
誌に和歌や歌人、民俗に関する文章を発表していきます。

　一方で、都会の自由な空気を吸った雄吉は恋愛事件を引き起こし、明治
33年(1900)、故郷に舞い戻り、串木野のはずれ羽島に引き込みます。事件
についての詳細は不明ながら、加藤家の伝承では夫のある女性との事件と
いうことです。

　明治27年(1894)刊の雄吉の歌集『観雲亭歌集　第一編』は、「年頃よみおけ
る詠草の中より百五十首ばかり自撰びてこの一巻をしつらへつ、父君が病
間の徒然を慰めん料にと捧ぐ」(自序)とあり、その成立の由来がわかりま
すが、収録されている歌には次のようなものがあります。

　　　恋の歌よみける中に
　　うき名をばくやしつらしと思ふまにまことの恋となれる中かな
　　よそながらあひてわかれし夕こそあはぬ日よりも恋しかりけれ

29

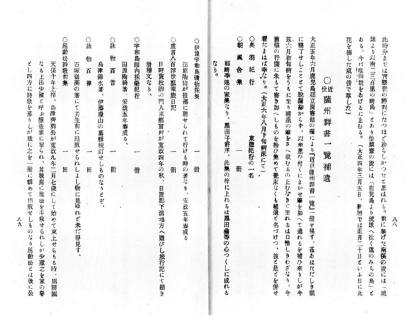

図2.3　加藤雄吉「近世薩州群書一覧補遺」(『尾花集』1917所収)

　雄吉は、明治38年(1905)謹慎期間を終え、鹿児島市に転居します。その後一時女学校で教鞭をとり、鹿児島実業新聞に関わり、本格的に鹿児島県に関わる古文献を博捜、郷土史や郷土の人物についての文章を発表していきます。

　薩摩藩の嘉永朋党事件に連座して切腹した薩摩を代表する国学者、山田清安とその妻歌子の伝記と和歌の研究などは今でも優れた価値を有しています。また、上述したように井上通泰の影響のもと、薩摩の歌人、学舎、画家、書家などの事績を、『薩州名家伝』『薩州歌人伝遺稿』としてまとめたり、故郷串木野の郷土資料『串木野村史資料』の編纂を行ったりと活動の幅を拡げていきます。明治から大正にかけての地方改良の波に沿った活動とも言え、中央からは忘れ去られる存在である郷土の知識人を掘り起こし、国家の末端を支える者を照らし出す、文学的な営みとして評価できるでしょう。

　加藤雄吉の業績　『鹿児島県立図書館報　第一』で初代県立図書館長の片
山信太郎は大正4年の事業のひとつ、郷土志料編纂について次のように述
べています。

　　……第七高等学校教授武藤長平氏及本縣ノ文獻學ニ熱心ナル加藤雄吉
　　氏ノ厚意ニ依リ好材料ヲ得タルガ爲メニ一層研究者ノ興味ヲ深カカラ
　　シムルコトヲ得ルハ感謝ノ次第ナリ

　武藤長平第七高等学校教授と加藤雄吉が鹿児島県立図書館に郷土資料の
発掘と蒐集の面で協力をしてくれることに感謝したものです。雄吉が編纂し
た『近世薩州群書一覧』(大正5年刊)には現在では所在不明の資料が多数掲載
されており(図版)、彼がいかに多くの資料に目を通していたかがわかります。
　歌文集『尾花集』、『日当山侏儒戯言』も資料的価値を失っていません。大
正6年(1917)9月29日付「鹿児島新聞」は、史蹟名勝天然記念物調査会の常
任委員である加藤雄吉が病気療養のため9月26日に故郷串木野村に帰った
ことを報じています。雄吉は同年10月30日、死期が近いことを悟ったの
でしょう、それまで書きためた文章や作品を一冊にまとめ、自己の号「尾
花」に因んで『尾花集』と題して出版しました。年が改まって間もなく、大
正7年(1918)1月10日、雄吉は食道癌のため世を去りました。彼の死を悼
んで、森鷗外は雄吉の墓碑の字を揮毫しています。
　初代鹿児島県立図書館長の片山信太郎(?-1922)は、近代公共図書館の整
備の一環として郷土史料の収集に尽力したことで知られています。現在鹿
児島県立図書館にある郷土史料の核となっているのは、明治45年(1912)着
任以来、片山が指揮を執って大正期に収集されたものです。片山の右腕で
あった加藤雄吉の死は、鹿児島県にとって大きな損失だったといえるで
しょう。片山も大正10年(1921)に大阪市立図書館長となり鹿児島を後にし
ます。雄吉が長く生きていたならば、県立図書館の郷土資料がどのような
充実ぶりを見せていたのかと思わずにはいられません。

図2.4 鹿児島高等農林時代の小出満二
（昭和2年の同校の卒業アルバムより、
鹿児島大学附属図書館蔵）

2.3 鹿児島高等農林学校教授
小出満二

小出満二の生涯　小出満二（こいでまんじ）(1879-1955)は、兵庫県養父郡伊佐村（やぶ）の生まれ、第一高等学校、東京帝国大学農科大学を経て、同大学助手、ドイツ・イギリスに留学した後、大正3年(1914)鹿児島高等農林学校（鹿児島大学農学部の前身）教授となりました。大正10年(1921)文部省督学官となり、九州帝国大学農学部教授、鹿児島高等農林学校校長、東京高等農林学校（東京農工大の前身）、校長鯉淵学園長を歴任しました。

　小出は農業経済、農業史を専門としていますが、その一方で農業書を中心とする蔵書家でもありました。鹿児島高等農林学校での教え子の石橋幸雄によれば、「和本の古農書の主なものはほとんど集め」られており、「明治以降の洋装の書籍になると農学関係はもとより、歴史、社会、伝記、地誌、民俗、文学にわたって多種多様の著書が集められていて、先生の草舎は書籍で埋まっているような有様であった。先生はそれらの書籍をいつも読んでおられた」といいます[石橋1982]。

　農書展示――ブッキストのこだわり――　鹿児島高等農林学校教授時代、小出は図書館を担当しており、大正6年(1917)11月8日、9日の両日、戊辰戦争戦没者五十年祭の年に合わせて、鹿児島で第3回日本図書館協会九州支部総会が鹿児島県立図書館で開催されました。この大正6年という年は戊辰戦争から50年にあたり、戦没者の慰霊祭の祭典とともに、島津斉彬・島津久光・島津忠義の三公の銅像が建設されていました。

　九州支部総会の参加者は2日目の11月9日には高等農林学校図書館で農書の陳列を堪能しました。九州支部総会といっても遠くは台湾、沖縄の図

図2.5　『南島雑話』（鹿児島大学附属図書館蔵）の小出満二の識語

書館関係者、また日本図書館協会の会長である徳川頼倫侯爵をはじめ多く
の図書館関係者が一堂に会しました。、当時、鹿児島県立図書館では戊辰
戦争五十年祭に合わせた展覧会の準備が行われていたため、支部総会の展
示は郊外の高等農林学校を使用して、小出の指揮の下、展示の企画が行わ
れたものと推定されます。高等農林の威信をかけて企画、展示された農書
は全260点720冊に及びます。その全貌は『陳列農書目録』から明らかにな
ります。そのほとんどが江戸から明治にかけての日本の農書で、西洋翻訳
書11点、朝鮮書3点、中国書24点を含んでいます。
　数もさることながらその質と多様さには驚かされます。農業全般にわた
るものは勿論、茶、菜種、人参、煙草などの作物、本草に関するもの、養
蚕、牧畜、築庭にまで及び、また、宮崎安貞『農業全書』でも元禄版・天明
版・文化版・改定版と、刊行や摺刷年次の異なるものを努めて展示するこ
とを心がけている点も注目されるところです。小出のブッキストとしての
こだわりを遺憾なく示した展示となっています。

『陳列農書目録』の書目のうち、現在、鹿児島大学附属図書館にどれくらい継承されているかを調べてみると30点ほどが確認できるだけです。その他のものは散逸したのではなく、もともと小出個人の蔵書を出品したものであった可能性が高いと思われます。

小出満二の業績　小出が勤務した学校には、購入あるいは寄贈の形で彼の関わった書籍が多数所蔵されています。鹿児島大学、九州大学、東京農工大学、農林水産省図書館などです。

鹿児島大学附属図書館を例として彼の功績を見ていきましょう。

鹿児島大学附属図書館と小出の関わりで有名なのは、「小北文庫」と称される洋書のコレクションです。大正7年(1918)から同9年にかけて、小出はオーストラリアのシドニー大学に出張しましたが、この期間中、彼は現地において、自費であるいは実業家の北村寅之助の資金援助によって、豪洲、太平洋、東南アジア関係の洋書、地図類(686冊)を購入し、鹿児島高等農林学校図書館に寄贈しました。「小北文庫」とは小出、北村の一字ずつをとって命名されたものです。

この他、小出や彼の盟友で小出に続いて鹿児島高等農林学校の五代目の校長となる谷口熊之助が筆写させた写本類が残されています。上記の展示のために行ったものと思われますが、大正5年(1916)から6年(1917)にかけて写したものが多いのが確認できます。『銘酒原醅秘法』『草綿種子撰秘法』『牧場法』などは小出が農政家として著名な織田完之(1842-1924)の蔵本を写させてもらったものです。鹿児島県関係では、大正5年(1916)に小出が『南島雑話』大島島庁本を木脇啓四郎(前述)が写したものを転写させ、大正6年(1917)には『徳之島事情』を「得業生堀口市蔵氏の幹旋により著者吉満氏の稿本を借りて謄写」させています。この他にも種子島の学者である前田宗成の蔵書(豊山文庫)の『御家記』『懐中嶋記』、志布志の『志布志旧記』など農書以外にも及んでいます。上記展示の後にも、小出が鹿児島県立図書館に購入されたばかりの写本類、たとえば田原陶猗『宇藩産物考』『宇和島領内採薬紀行』『伊豫宇和島鑛山採集』や、『鳥賞案子』といった飼鳥に関する書物を筆耕に写させて図書館の蔵本を増やしていることが注目されます。

小出は同じ種類の本を複数所蔵することを心懸けるとともに、時間が許

せば自ら筆を執り、また装丁も自ら行ったようです。

　小出は昭和29年(1954)9月、谷口熊之助に宛てた手紙のなかで自己の人生を振り返り、次のように述べています［丹羽（編）2019］。

　　　貧乏といふよりも餘裕ない生活でした、餘分の収入は旅費と書物代となりました、それには惜しみながらも使ひ果たして遺憾はないわけですが、一つ小さな住宅ぐらゐは出来てゐた筈です、好んで轉々したわけではなく、いつも移った所に墓をつくる積りでゐながら可なり轉々したのです、心掛が足りぬのです、書物だけが荷物ですが、それを最後となって持餘して弱つてるのです、妙な不始末な生涯でした。

　現在、小出満二の蔵書については教え子の加藤整氏によって少しずつ明らかにされてきていますが、大学に残された図書についてその全貌は未解明のままとなっています［加藤2014・2015］。

3　結び

　地域には様々な形の資料が多数存在し、様々な人物がこれに関わっています。われわれはともすると、資料から文字情報のみを取り出してそれで事足れりとしていることが多いのではないでしょうか。そもそもその資料がどこを経由して現在に至ったのかさえわからないことが多く、それを追求するだけで多くの時間と労力を費やさざるをえませんが、それを知ることは地域をより深く知ることにつながるのではないでしょうか。

　今回取り上げた三人は、時代も立場も異なりますが、地域の資料の保存と継承に深く関わった人物であることが共通しています。タテ割りの専門分野の範囲を超え、分野横断的に見ていかないと彼らの業績は見えてきません。彼らの活動をあぶり出すことが、今われわれが置かれている、地域資料をいかに継承していくのかという古くて新しい問題について考える端緒となるでしょう。また、彼らの生きざまはわれわれの生き方の参考にもなることでしょう。

彼らの記す一言、彼らの残した記録の断片から、歴史の闇の中に幽かな光が差し込むはずであり、その光を掬い取るのがわれわれの務めなのです。これは大変困難な作業も含みますが、決して無駄な作業ではありません。また、まだまだこの三人にも勝るとも劣らない重要な人物が各地に眠っていることでしょう。資料を追求する楽しみは尽きることはないのです。

　地域のことを考え生きた先人たちの生きざまに少しでも触れてもらえることを祈って結びとします。

参考文献
石橋幸雄[1982]「小出満二先生の学問と思想と人柄」小出満二先生著作刊行会(編)『農学・農業・教育論　小出満二著作集』農山漁村文化協会

加藤整[2014]『日本農業教育の碩学　小出満二：その業績と追憶』友月書房

加藤整[2015]『日本農業教育の碩学　小出満二：その業績と追憶：補遺』友月書房

串木野市郷土史編集委員会[1984]『串木野郷土史　補遺改訂版』串木野市教育委員会

丹羽謙治(編)[2019]『鹿児島大学農学部蔵谷口家文書　谷口熊之助来簡集(一)』鹿児島大学法文学部日本近世文学研究室

丹羽謙治[2018]「ブッキスト小出満二」丹羽謙治・多田蔵人(編)『平成30年度鹿児島大学附属図書館貴重書公開　鹿児島　書物と図書館の近代──〈知〉の集積と展開──』鹿児島大学附属図書館

原口泉・丹羽謙治・下原美保・河津梨絵・入船もとる・安達晃一・加治屋貞之(共編)[2005]『薩摩藩文化官僚の幕末・明治　木脇啓四郎『萬留』──翻刻と注釈──』岩田書院

福岡大学研究所[1969]『道之島代官記集成』(福岡大学研究所資料叢書　第1冊)福岡大学研究所

ゆまに書房[2010]『明治大正期　稀書・珍籍書目解題集　第四巻』(書誌書目シリーズ94)ゆまに書房

読書案内
原口泉・丹羽謙治・下原美保・河津梨絵・入船もとる・安達晃一・加治屋貞之(共編)[2005]『薩摩藩文化官僚の幕末・明治　木脇啓四郎『萬留』──翻刻と注釈──』岩田書院

加藤整[2014]『日本農業教育の碩学　小出満二：その業績と追憶』友月書房

ひニ而、入口の右脇ニ楠木一本、それより東の方、道を行ケハ大きな池有。是を過ると、父上様御建立被成置たる金比羅権現様の御宮有り。

大守様〔斉興卿〕、敵國降伏の御額も此御社ニ掛方相成たる由。児島上下ニハ、一人も無残、すして八済ぬ事ニ相成、舞なと有之、にきやかなり。上りニハ仲仁と云者を頼ミ拙者二人付られたり。拙者、四ツ五ツの比より大和へ行とて相待居たるよし。是より上りの日ハ、皆々親類中見送として、船ニ乗りたるが、其内いねて不覚、船の出る時目か覚、仲仁運天と云琉球の湊え汐かゝりし事を覚ゆ。前の小島へ貝取ニ行たる事、并ニ同所ニ赤瓦ニ而ふきたる大きな役所有、愛ニ行て遊ふ内ニ、官人、大キナ重ニ火菓子持来り、両手ニあまるほどくれられたり。それより出船、又、永良部え船かゝります。此時母君も来り、いたかれ候時、母君の涙か拙者の顔ニかゝりたり。今更思へハ、親子の深情思ひやられ、涙ニむせひ候。何かと尋ぬれハ、死人を置所なりといふ。おそろしかりし事を覚ゆ。是より大島の焼打といふ湊え汐かゝり、七島灘を無難ニ通ると、沖中より開聞山はるかにみゆれハ、始て登る人ハ馴子舞といふをするか例ニ而、仲仁

正中を出し、舞を仕たり。其日の夕くれ前、秋目の湊え汐かゝり、それより又、向風ニ相成、滞舟となる。仲仁か云ニハ、是より歩行ニ而日かくれ候故、にきめしなと持、喜入郷の中時分ニ而かくれ候故、宿をかり候処、いろ〳〵云て不受合、やう〳〵してかり出し内へ上り候処、足のいたミ、八才ニ而七里余有之、殊ニ舟上りの道故、打伏居候処、夕飯出る。粟の飯ニ、菜ニ里いも、皿ハ塩付の小魚、ザコ、その味のよひ事今もわすれす。一泊して明の朝、足のいたミにてアルかれす候故、丸木船を頼ミ、谷山の七ッか島そして被下候吉之丞といふ者か、此者船頭より拙者をせおひ入口ニ而、木脇殿を尋候処、幸父上様幼少之時より丁寧ニ御取、木脇氏え着候処、九月の末ニ而寒き故、おもよさまのわた入、片から裾の、其比の流行、赤ビントウじの衣裳をかりて、山川より荷物の来る迄かりて着たり。叔父様、おはさまなと、且又、御民さま御丁寧なり。段々する内、上荒田の郷中へ出る。然ルニ、伊東吉兵衛との三ッ少さま、かゝさま、至極かはりかり、おそく成りたる時ハ泊り候様被申、それにすかり大かた愛ニ泊る。然るニ、十四才ニなり、四月末、東郷助作様御世話ニ而、表坊主被仰付

38

【資料】　木脇啓四郎『萬留』（抄）

※原口泉・丹羽謙治他（編）『薩摩藩文化官僚の幕末・明治　木脇啓四郎『萬留』――翻刻と注釈――』（二〇〇五年、岩田書院刊）により、傍線等を加え一部改めた。

初祐尚、後営業を始し折、祐業と改（拙者ハ初金時仁平次藤渕）、父上様仁平次、沖永良部島見聞役ニテ御詰ノ節、姜ヲ置レ、其（祐長公）（此母ハ御叔父仁右衛門様同島へ御詰役之節ノ付役福山郷士族久留長左衛門子也）腹ニ生レタリ。母ハ米松ト云ヒシナリ。父上様御先見、将来八金ノ世界ニ可成八案中なりとて、拙者ヲ金時ト名付玉ヒシ由。生年ハ文化十四年即文政元年牛也。

月ノ四月十三日、該島ノ仮屋ニテ生レシ由。御病症ハカク然ルニ明ノ二月五日、父上様御死去被遊タリ。（ママ）ト云病ノ由ニ付、死ヲ御究メ被遊候ゆへ、細密ノ御遺言、御自筆ニテ御叔父（仁右衛門）異父ノ御舎弟中山次兵衛様（美氏ノ父）へ、（仁右衛門様）（次左衛門実父）其弟川上郷右衛門様、木脇八郎右衛門様、東郷助作様充也。母上様、御姉様ニハ、父上様御作置レ候家に是迄之通被召置、姉様ニ八似寄の縁與いたし、跡ハ、拙者上る迄之間ハ、此節島方の潤益も可有之ニ付、養料ハ御扶持かしいたし、是ニ而取續候様御認相成候次第。右ニ付、東郷助作殿を跡取集

方ニ付罷下候様御申越候処、八郎右衛門殿、拙者行とて、下リニ相成、何もかも賣拂、父上様御残し被置候畑地貳反位、刀大小、并ニ鏡、是ハ島ニ而御打調、拵方も同断ニ而、外ニ八掛物一幅、正成ノ圖、立烏帽子鎧着用、後の大松の木の枝より菊水の旗さし出たる圖也。仮屋本より一里位西ノ方、玉城と云所ニ引移せ、御庭の前ハ三尺斗高く筑立、角屋敷ニて、木戸の入口ニ大きな桃木有。是ハ実かなりて喰たる事不覚。○母君ニかろわれ、氏城といふ所の神様参詣いたし、返（ノカミ）りニ曽木東太郎殿といふ流人の処ニ寄る。此人ハ父上様御旧知ニ而、父上様御事をよく〳〵存居候御方にて、母君と御噺有之たる哉も覚ゆ。景気のよき所にて、丸窓有之。庭の前ニ（西ノ方）ハ小溝有之。左右ハ蘭生茂候処を、ショケにてす〳〵ひ候へ八、小海老沢山取たり。又、成長シテ登與村といふ仁を親分ニ御頼置相成、此人追々被参屋本の登與村といふ仁を親分ニ御頼置相成、此人追々被参り。是ハ随分富家ならん、庭なと筑立、入口ニ八四本柱ノ蔵も有り。其下之和泊の海邊ハ前廣き石畳ニ而、所々ニ穴有之。其穴ノ内へショクといふ小魚沢山居たり。是を取て帰りて喰たるも覚。又、船付のイヌベといふ所ニ越る手前ニ紙座といふ人の居所有。庭ニハ大きな池ニ蓮を沢山植て、家の東の方へ桜の大な木も有之。此坂を上ると、右手の方へ父上様御墓有。石ハ至極賢く、白ニ雲の有石、一重盤ニし四方を石かこ

第3章

奄美の文化資源

桑原 季 雄

---

1 問題提起
2 文化資源とは何か
3 文化の資源の動態プロセス
4 奄美の指定文化財
5「奄美遺産」
6「奄美遺産」と地元学
7 結びと課題

1　問題提起

　この章では鹿児島県奄美群島を事例に取りながら、「資源」や「文化資源」とは何か、その前提は何か、また、誰が何によって「文化資源」を認定するのかについて考えます。

　資源というものは有用性を持ちます。あるものが何かの目的に役立つという前提があってこそ、それは資源だといえます。しかし、「ある主体にとっての資源は、別の主体にとっては必ずしも同じ意味を持たない」[山下 2007：19]。例えば、「真珠貝を食べる習慣のあるメラネシアのトロブリアンド諸島の人々は真珠貝を食べようとする時に、その中に真珠がみつかると、それに全く価値を感じず、子どもに玩具としてくれてやる。これに対して、多くの白人にとって真珠はできるだけたくさん手に入れようとして、全力をあげて競争するべき対象である」[マリノフスキー1967：276]。したがって、文化資源について理解するためには、誰にとって何がどう有用なのかについ

41

いて、その有用性を認定し、それを利用しようとする主体(「誰の問題」)について考える必要が生じます。

　この、「誰の問題」は単なる主体＝担い手の問題にとどまるのではありません。文化の資源化において、「誰が、誰の文化を、誰の文化として、誰にめがけて資源化するのか」という、「誰」をめぐる四重の問いの機制(メカニズム)が関係しています[森山2007：82-88][兼重2014：335]。兼重[2014]によれば、「『誰』の問い」は文化の資源化の局面にとどまらず、文化が資源化されたあとの変化の局面にも適用すべきだと言います。すなわち誰が、誰の文化資源を、誰の文化資源として、誰にめがけて変化させるのかという問いであり、この、「『誰』の問い」は、文化資源に関する動態のプロセスを明らかにしようとする際、避けて通れない問題です[兼重2014：335-336]。

　本章では、この「誰の問題」を、奄美群島の文化資源を例として検証していきます。

2　文化資源とは何か

2.1「資源」とは何か

　国語辞典類によれば、「資源」について下記のような定義が与えられています。

・「自然から得られる生産に役立つ要素。リソース。財源。資産」

(『大辞林』第3版、2006)

・「生産活動のもとになる物質、水力、労働力などの総称」

(『広辞苑』第6版、2008)

・「産業の材料・原料として見た地下の鉱物や山林、水産物、水力などの類。ある目的に利用され得る物資や人材」

(『日本国語大辞典』第2版、2001)

・「自然から得られ、産業の原材料として用いられる物質。広く産業を支えるもの」　　　　　　　　　　　　　　　　(『明鏡国語辞典』、2002)

・「自然から得る原材料で、産業のもととなる有用物。産業上、利用し

うる物資や人材」 　　　　　　　　　　　　　　（『大辞泉』増補・新装版、1998）

　以上のように、「資源」とは、狭義には産業や生産への利用が可能な物質を指します。また、最も広い意味では、ある目的に利用され得る物資や人材を指します。共通するのは、資源とは利用価値、すなわち有用性をもつものを指す点です。

2.2「文化資源」とは何か

　価値観に依存する「文化資源」　次に、「文化資源」についてみます。兼重[2014]によれば、「文化資源」は「資源」を「文化」と結合させた造語であり、「文化＝ハイカルチャー」も含む生活様式全般を指すものです。「資源」に「文化」という冠をつけることにより、「ハイカルチャーも含む生活様式全般において有用性をもつもののすべてを指す言葉」と言えます[兼重2014：333-334]。また、「文化資源」という用語は、①「文化」を「資源」として動員・利用するという局面と、②「自然」を「文化」へと動員・利用するという局面を指示しうる[森山2007：63]と言います。ここでの概念は①の局面での意味を指します。

　また、資源を「資源化」する契機はそれぞれの民族が保持する価値観に大きく依存します。その論点として、資源は資源それ自体では「資源」たりえず、他者との接触や更新をつうじてはじめてそれが可能となります。有形・無形の文化は往々にして、民族を特徴付ける資源として生み出され、かつ種々のメディアを通じて外部に発信されます。そうした情報を受け取る「他者」の価値観や評価は再び現地にフィードバックされ、資源の再生産や再解釈・発信を促す要因ともなります[武内・塚田2014：2]。

　地域の視点に立ちつつ検討する　次に、文化資源が誰によって、どのように生み出され、どのように変貌を遂げ戦略的に活用されていくのかという問題が指摘されます[武内・塚田2014：3]。武内らによれば、文化資源の問題を、「世界遺産」登録などにみられるように、国家や行政の側からとらえるだけでなく、地域の視点に立ちつつ、諸民族集団が発信した「文化資源」のその生成・維持のメカニズムにまで検討を加えることが、文化資源

論への新たな展望を得る上で有効だと言います［武内・塚田2014：3］。

3　文化の資源の動態プロセス

3.1 文化の資源化

　山下［2007］によれば、文化が「資源になる」ことは、すなわち「文化の資源化」です。ある社会的な構図のなかで、いかにして文化が「資源になる」のか、そのプロセスはどのようなものかが問われなければなりません［山下2007：15］。また、文化が資源化されてからの動きも重要です。文化は資源となったことで、関連する人々に何らかの影響を与える場合があり、さらにその一部が権威やハイカルチャーへとつながってゆき、「文化資本」に姿を変える場合もありうるからです［窪田2007：182］。

　このように、「文化資源」というものを考える場合、文化の資源化や文化資源の変化など文化資源の動態的側面に焦点をあて、そのプロセスをできるだけ具体的に把握する必要があります［兼重2014：334-335］。

3.2 指標の設定

　文化資源の動態のプロセスを分析しようとする場合、大きく二つの過程に分けることができます。1）文化の資源化の過程、2）文化が資源化された後の過程（文化資源の変化の過程）です［兼重2014：336］。

　文化の資源化の過程　あるものが資源になるためには、それが有用であると誰かが「認定」しなければなりません。また、有用であると認定されたとしても、それがそのまま資源となるとは限りません。資源となるためには、実際にそれを手に入れることができなければなりません。容易に入手できることもありますが、「探査」や「採掘」が必要な場合もあります。また、入手できても、そのままでは利用できない場合は、何らかの「加工」が必要となります。この、「認定」→「探査」「採掘」→「加工」という、3つの過程を経てはじめて、あるものが資源として利用できる状態に整えられます。その過程を、「文化の資源化の過程」と呼びます［兼重2014：336-337］。

　文化が資源化された後の過程　文化が資源化された後の過程を見る場合、

重要なのは文化資源の変容と変貌です。「文化の資源化の過程」をへて資源となった文化に対して、その価値をさらに高めるために、ある主体がその内容を不断に変えてゆくことがあります。そして、「文化の資源化の過程」をへて、資源となった文化が、さらに「文化資本」へと姿を変えることがあります。その好事例はオーストラリアのアボリジニの美術です。国際美術界という権威ある制度が特定のアボリジニの美術を認めたことにより、文化資源となったアボリジニの美術の一部が文化資本に変貌しました。このように、権威のある制度によって文化資源に社会的な威信が付与され、高尚な文化とみなされてゆく場合、文化資源は文化資本に姿を変えたと理解できます［窪田2007：182,199］［兼重2014：337］。

　文化資源化されることによってアボリジニが直接の「影響」を受けたり、また、国際美術界という権威ある制度による「認定・評価」が文化資源から文化資本への変貌に強くかかわったり、さらには、文化資源としての文化が客体として、国家や国際社会、市場によって操作され「利用」される可能性があります［窪田2007：198,199,203］。

　文化資源の６つの指標　「影響」「評価」「利用」という３つの指標を設定し、それに「誰の問い」を重ね合わせると、以下のような関係になります。まず、文化資源を誰が誰の何のためにどのように「利用」しているのか、次に、文化資源が誰によって誰の資源として、いかに「評価」されるか、さらに、ある文化資源を誰かが利用あるいは評価することが誰に対してどのような「影響」を及ぼすことになるのか、です［兼重2014：337-338］。

　以上のように、「文化の資源化の過程」に関しては、①認定→②探査・採掘→③加工という３つの段階的な指標を、また、「文化が資源化された後の過程」に関しては、④利用、⑤評価、⑥影響という３つの指標が設定されます。兼重によれば、この６つの指標を設定することにより、２つの過程を統合的・包括的な視点で捉えることが可能となると言います［兼重2014：338］。

3.3 文化資源に関する６つの指標

　文化資源の６つの指標について、整理すると以下のようになります。

①資源の認定：誰が誰の何を、誰に対してどのような利用価値があるものとして認定するのか。

②資源の探査・採掘：それを誰がどこで誰のためにそのようにして探すのか。

③資源の加工：それを誰の資源として利用するために、誰が誰の何に対してどのように手を加えるのか。

④資源の利用：文化資源を誰が誰の何のためにどのように「利用」しているのか。

⑤資源の評価：文化資源が誰によって誰の資源として、そしていかに「評価」されるのか。

⑥資源の影響：文化資源を誰かが利用あるいは評価したことが、誰に対してどのような「影響」を及ぼすことになるのか［兼重2014：338］。

　以上の議論を踏まえて、次に、奄美の文化資源について見ていきましょう。

4　奄美の指定文化財

4.1 奄美群島の自然・歴史・文化

　奄美群島は有人8島の総称で、12の市町村（奄美市、龍郷町、瀬戸内町、大和村、宇検村、喜界町、徳之島町、天城町、伊仙町、和泊町、知名町、与論町）からなります。総人口は104,346人（2010年10月1日国勢調査）です。総面積約1,240平方キロ（東京23区の約2倍）で、南北190kmに及び、主に新生代の第三紀以降の隆起・沈降、第四紀以降の気候変動による海水準の変動、サンゴ礁の発達に伴う琉球石灰岩の堆積によって形成されてきました。この間にユーラシア大陸や日本本土との分離・結合を繰り返しており、このような地史的経緯から、アマミノクロウサギ、オオトラツグミ等に代表される固有種や遺存種といった動植物が多くみられます。また、奄美大島、徳之島の山地帯には、常緑の広葉樹が優占する森林がまとまって存在しており、これらの森林は亜熱帯性多雨林として世界的にも大変貴重な生態系として注目されています。

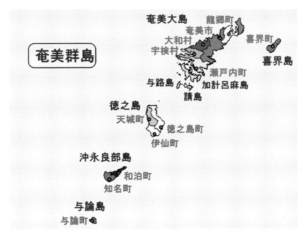

図3.1　奄美群島の12市町村
（出典：一般社団法人「結いの島」(https://www.yuijima.com/)）[1]

　奄美群島はその地理的、歴史的経緯において琉球や大和などの影響を強く受け、奄美独自の文化を形成してきました。12〜13世紀においては交易・交流の拠点として重要な役割を果たしていたことが、笠利町の赤木名城跡、徳之島のカムィヤキ古窯跡、宇検村の倉木崎海底遺跡等の遺跡の発見により明らかにされつつあります。その後15世紀には琉球王国、17世紀(1609年)には薩摩、19世紀の明治期以降は日本国、戦後はアメリカの支配権に入り、そして1953(昭和28)年12月25日の本土復帰を果たし現在に至ります。

　このように、奄美諸島は世界でも稀な歴史的変遷をたどってきました。こうして、奄美はいくつもの国の影響を受けつつ多種多様でありながら強い個性と重層性を有する文化を育んできたのです[「宇検村・伊仙町・奄美市による歴史文化基本構想」2011：6]。

4.2 国指定文化財、県指定文化財

　2021年7月に「奄美大島、徳之島、沖縄本島北部および西表島」がUNESCOの世界自然遺産に登録されました。その意義と内容をみることで文化資源とは何かを考える手掛かりとしたいと思います。そのため、ま

ず、国・県・市町村の指定文化財を概観しましょう。奄美群島の国指定、県指定の文化資源の分類と数値を示すと、以下のようになります。

表1　奄美群島の文化資源の分類と数値(件)

	国指定文化財	県指定文化財[2]
総数	33	1,116
①　無形民俗文化財	3	5
②　有形民俗文化財	1	3
③　史跡	5	4
④　登録有形文化財	13	1,094
⑤　有形文化財考古資料	0	1
⑥　天然記念物	11	9

(出典:奄美市役所「文化財」2013年3月20日現在)

　3件の無形民俗文化財は、奄美大島の諸鈍芝居と秋名アラセツ行事、与論島の十五夜踊りです。史跡には、奄美大島の3箇所の貝塚と徳之島の陶器窯跡が含まれます。登録有形文化財には6棟の旧奉安殿と3棟の高倉のほか、教会堂と民家が2棟ずつ含まれています。天然記念物は11件のうち10件はアマミノクロウサギやトゲネズミやオキナワウラジオガシ林などの奄美の固有の動植物種ですが、奄美の民俗信仰の対象でもある湯湾岳が含まれているのも大きな特徴です。これらは奄美の生物多様性を裏付けるものであり、2021年7月のUNESCOの世界自然遺産登録の根拠となりました。
　一方、県指定文化財については、無形民俗文化財に豊年祭や八月踊りの他、沖永良部島の大蛇踊りが含まれ、有形民俗文化財には奄美と喜界島のノロ祭司に関する資料が指定されています。登録有形民俗文化財はすべて与論島の民具です。

4.3 市町村指定文化財
　下記の表2は、奄美群島の12市町村の行政機関の文化財に関する情報を元に、徳之島町を除く11の市町村の指定文化財の統計的数値をまとめたものです。地域や文化財の内容においてかなりばらつきが見られます。以下で、市町村ごとの特徴を見ていきましょう。

表2　奄美群島の市町村の指定文化財統計

	奄美市	瀬戸内町	龍郷町	大和村	宇検村	喜界町	天城町	伊仙町	和泊町	知名町	与論町	計
総数	39	48	13	110	5	46	36	33	30	20	23	403
無形民俗文化財	4	1	1	0	1	0	12	9	8	4	0	40
有形民俗文化財	2	3	0	110	3	10	24	11	4	3	1	171
史跡	12	1	2	0	0	6	0	4	3	6	6	40
登録有形文化財	0	6	5	0	0	0	0	0	0	0	0	11
有形文化財	13	33	2	0	1	20	0	0	10	1	11	91
天然記念物	6	2	3	0	0	0	10	0	1	5	5	41
その他	2	2	0	0	0	0	0	0	4	1	0	9

1）奄美市指定文化財[3]

　奄美市は平成18年3月に旧名瀬市と旧笠利町及び旧住用村による市町村合併により誕生しました。奄美市の指定文化財は39件で、その内、有形文化財は13件と最も多く、神社の石像や木像、藩政時代の代官記等の古文書などが主です。次に多い史跡には宇宿貝塚や小湊のヤコウガイの遺跡などの他、藩政時代の奉行所跡や仮屋敷跡などが多く含まれています。また、無形民俗文化財には民俗行事が盛んな旧笠利町と旧住用村の4件の「踊り」が指定されています。

資料1：奄美市指定文化財一覧（39件）

①無形民俗文化財（4件）
コメツキ踊り（住用、平成4年9月）
ソオ踊り（住用、平成4年9月）
宇宿稲すり踊り（笠利、昭和46年9月）
用シュンカネクワァ（笠利、昭和46年9月）
②有形民俗文化財（2件）
小湊厳島神社の石燈籠及び手水鉢（名瀬、昭和47年3月）
浦上ノロ祭祀具（名瀬、昭和60年11月）
③有形文化財（13件）
有盛神社の石造弁財天（名瀬、昭和47年3月）
厳島神社石祠および神体恵比寿像（名瀬、昭和59年11月）
龍王神社観音堂、石造観音坐像及び石造弁才天坐像（名瀬、平成10年9月）
厳島神社の木造弁財天坐像及び黒漆塗り厨子（名瀬、昭和47年3月）

南島雑話(写本五冊)(平成3年5月)
奄美博物館所蔵・奄美群島日本復帰関係資料(平成16年5月)
石像(住用、昭和47年8月)
大島代官記写本(笠利、昭和46年9月)
永大大雑書(笠利、昭和46年9月)
笠利村教育資料(笠利、昭和46年92月)
前島友庵の墓地(笠利、昭和46年9月)
手花部の墓石(笠利、昭和46年9月)
美財天(蒲生神社)(笠利、昭和46年9月

⑤史跡(12件)

朝仁貝塚(名瀬、昭和45年3月)
小湊フワガネク遺跡群(名瀬、平成14年3月)
名瀬小学校敷地内の石段(平成25年10月)
サモト遺跡(住用、平成4年9月)
土浜ヤーヤ遺跡(笠利、昭和46年9月)
宇宿高又遺跡(笠利、昭和51年12月)
アナバリトフル(笠利、昭和46年9月)
辺留城古墓(笠利、昭和46年9月)
大島奉行所跡(笠利、昭和46年9月)
津代古戦場跡(笠利、昭和46年92月)
大島仮屋敷跡(笠利、昭和46年9月)
赤木名観音寺跡(笠利、昭和46年9月)

⑥名勝(2件)

アマンデー笠利、(昭和46年9月)
薗家の庭園(笠利、昭和46年9月)

⑦天然記念物(6件)

根瀬部地区自生ツツジ(名瀬、昭和45年3月)
有盛神社境内の森林(名瀬、昭和47年3月)
マングローブ群落(住用、平成4年9月)
モダマ自生地(住用、平成4年9月)
手花部メヒルギ群落(笠利、昭和46年9月)
土盛子だき石(笠利、昭和46年9月)

2) 瀬戸内町指定文化財[4]

　瀬戸内町の指定文化財は48件で、旧家の個人が所蔵していた屏風絵や彫刻、種々の工芸品や古文書、考古資料などの有形文化財が全体の7割近くを占めています。なかでも特徴的なのが、登録有形文化財に指定されている旧奉安殿で、町内の6つの小学校にそのままの形で残っています。その他、伝統的なノロ祭祀に関連した道具なども3件指定されています。

資料2：瀬戸内町指定文化財（48件）

①無形民俗文化財（1件）
アンドンデー（網野子、昭和53年12月）
②有形民俗文化財（3件）
ノロ祭祀具3件（嘉入・与路島・網野子、平成10年5月）
③有形文化財（33点）西家住宅（建造物）（伊子茂、昭和56年5月）
屏風絵6画(絵画)（古仁屋、昭和56年5月）
龍樋(彫刻)古仁屋、昭和56年3月）
種々工芸品13点（古仁屋、昭和56年5月）
種々古文書6点（古仁屋、平成10年5月）
考古資料6点（古仁屋、平成10年5月）
④登録有形文化財（6件）
旧奉安殿（古仁屋小・節子小・池地小・薩川小・須子茂小・木慈小、平成18年8月）
⑤史跡（1件）
垣漁跡（木慈、昭和53年12月）
⑥名勝（2件）
ホノホシ海岸（蘇刈、昭和53年12月）
手久崎（木慈、昭和53年12月）
⑦天然記念物（2件）
デイゴ並木（諸鈍、昭和53年12月）
ウケジママルバネクワガタ（請島池地、平成8年11月）

3）龍郷町指定文化財[5]

　龍郷町は大島紬の龍郷柄と呼ばれる意匠の発祥の地であることから、泥染めによる龍郷柄の技法が無形民俗文化財に指定されています。また、カトリック信仰が盛んな地であったことから古い木造の教会堂や司祭館が、戦前から続く名家の高倉とともに登録有形文化財に指定されています。さらに龍郷町は幕末に西郷隆盛が流謫された地として知られ、蟄居先の海岸の松の木が西郷松として天然記念物に指定されています。

資料3：龍郷町指定文化財（13件）

①無形民俗文化財（1）
泥染めによる大島紬龍郷柄技法（嘉渡、昭和46年2月）
②有形文化財（建造物）（2）
仏像墓（龍郷、昭和54年12月）
今井権現石段および石碑（安木屋場、平成4年3月）
③登録有形文化財（5）
瀬留カトリック教会聖堂（瀬留（ルビせどめ）、平成20年4月）

瀬留カトリック教会司祭館(瀬留、平成20年4月)
旧岩切家住宅高倉(瀬留、平成21年8月)
旧大司家住宅高倉(瀬留、平成21年8月)
旧有村商事高倉(瀬留、平成21年8月)
④史跡(2)
奥平元安刀鍛冶跡(秋名、平成4年3月)
ハヤ　記念物(赤尾木、昭和52年2月)
⑤天然記念物(3)
奇岩群(赤尾木手広、昭和54年12月)
西郷松(阿丹崎、昭和54年12月)
サキシマスオウの木(阿丹崎、昭和54年12月)

4) 大和村指定文化財[6]

　大和村役場の人口統計によれば、令和3年10月現在で村の人口は1,429人と、奄美群島12市町村のなかで最も少なく、また、平地が少ないため山の斜面を利用した果樹栽培が盛んで、特にスモモの生産量は日本一を誇りますが、そのほかには目立った産業はありません。文化財に指定されているのは有形民俗文化財のみで、その大半は芭蕉布や民具など細々とした生活関連のものです。目立った史跡や建造物がないということからも歴史的に置かれていた土地柄がわかります。また、テルコ扇や胴衣、ノロ道具などが多く見られることからかつて民俗祭司が盛んな地であったことが伺えます。

資料4：大和村指定文化財(110件)

①有形民俗文化財(110)
刳舟(恩勝、昭和43年2月)
芭蕉布・短銃・ヌキ玉・刀・ギファ・短剣・古文書等(津名久、昭和43年12月)
芭蕉布・木綿花織等(国直、昭和43年12月)
裁縫箱・陣笠・刀(大小)・錫器・香炉陶器等(奄美博物館寄託、平成28年10月)
芭蕉布(名瀬井根町、昭和43年12月)
芭蕉布・ヌキ玉(大金久、昭和43年12月)
テルコ扇・刀・真鍮椀・玉ヌキ物・羽二重・羽二重袴(佐大熊、昭和43年12月)
テルコ扇・胴衣(ドギン)・竹ザル(大棚、昭和43年12月)
和家文書・小刀・ノロ道具・手鏡(奄美博物館寄託、平成19年2月)

5) 宇検村指定文化財[7]

　宇検村は奄美大島の西北に位置し、奄美大島の行政の中心地である奄美市名瀬から最も遠いところにあります。そのため、歴史的にも大和村と同様、史跡や歴史的建造物が皆無で、指定文化財も全部で5件と極めて少ない状況です。また、似たような地理的環境にある大和村とは異なり、祭祀具や生活民具もほとんど見られませんが、有形民俗文化財の琉球王朝辞令古文書からはノロ祭司を通した琉球王朝との関わりを見て取ることができます。

資料5：宇検村指定文化財（5件）

①無型民俗文化財（1件）
蘆検稲すり踊り（昭和57年6月）
②有形民俗文化財（3件）
辯才天石像・寄進塔（宇検、昭和57年6月）
琉球王朝辞令古文書（湯湾、昭和57年6月）
佐念モーヤ（佐念、昭和57年6月）
③有形文化財（1件）
大型磨製石器（名柄、昭和57年6月）

6) 喜界町指定文化財[8]

　指定文化財から見える喜界島の特徴は、奄美の他の島々と違って農耕祭司に付随した歌や踊りがほとんど無いことです。その一方で、6件の史跡からは、城久遺跡群が古代史上の重要な発見であることや、戦闘指揮所跡から太平洋戦争時の特攻基地の一つとして喜界島が重要な位置を占めていたことがわかります。また、ノロ神具一式や大屋子辞令書が有形文化財として指定されていることなどから琉球王朝との関係も見て取れます。

資料6：喜界町指定文化財（48件）

①有形民俗文化財（10）
草子・玉、羽衣、ノロ神具一式2、石像、かめ桶、厨子がめ（昭和46年10月）
水瓶、菓子型、陶器（平成12年3月）
②有形文化財（20）
能面、香炉、古帖佐焼、須恵器、軽石、糖漏、火縄銃、薬篭（昭和46年10月）
刀、銅鏡、槍（昭和47年4月）
大屋子辞令書（昭和61年10月）
銅鏡2、帳箱・帳簿一式、掛軸、古文書一式（平成12年3月）
糖漏（平成14年3月）

五つのカメ3点(平成18年9月)
③史跡(6)
芭蕉句碑(平成5年7月)
奉安殿2(平成14年3月)
ウリガー2、戦闘指揮所跡(平成14年3月)
城久(ルビ)遺跡群(平成21年2月)
④天然記念物(10)
ソテツ群生2，ヒメタツナミソウ自生地2，巨大ソテツ生息地、ヒロハネム生息地、ハスノハギリ生息地(平成14年3月)
ヒメタツナミソウ自生地(平成16年9月)
ガジュマル群、アカテツ群(平成20年10月)

7) 天城町指定文化財[9]

　天城町の指定文化財は無形民俗文化財と有形民俗文化財が全てで、史跡その他はありません。また、無形民俗文化財に指定されている12件は夏目踊や棒踊り、田植え歌や麦つき唄など全て集落の歌と踊りであることから、生活に根ざした民俗芸能が盛んな土地柄であることが伺えます。24件の有形民俗文化財もその大半は生活用具や農機具です。

資料7：天城町指定文化財(36件)

①無形民俗文化財(12件)
餅たぼり(与名間集落、平成8年11月)
豊年天草(松原集落、平成8年11月)
田植歌(前野集落、阿布木名集落、平成8年11月)
棒踊り(岡前集落、西阿木名、平成8年11月)
麦つき唄(浅間集落、昭和51年11月)
マンキ遊び(兼久集落、平成8年11月)
グシク踊り(大津川集落、平成8年11月)
七月踊り(瀬滝集落、平成8年11月)
鍬踊り(当部集落、平成8年11月)
夏目踊り(西阿木名集落、平成8年11月)
②有形民俗文化財(24)
杉戸、ニグー(むしろ)、アンジキ、クーシキ(ムシキ)、バシャガーチャ、ツボ(サケチブ)、ガスランプ、イジャイ(畑用)、サタグンマ、キンブリ、ウス、トウマンダウ(ひきうすの台)、素焼きのカメ(食材保存用)、茶桶、シチー(着物入れ木箱)、シルチャー、タシキイザイ(木製の犂)、スキジャイ(犂)、ニグウ(藁製の敷物)、千歯(脱穀機)、チョウノウ、タイノウ(いざり火)、マーガ(犂)、かんざし(昭和57年6月)

8）伊仙町指定文化財[10]

　伊仙町の33件の指定文化財の内訳は、無形民俗文化財が9件、有形文化財が11件、史跡が4件、天然記念物が9です。無形民俗文化財には闘牛が盛んな土地柄から「牛なくさみ」や口説、手踊り、棒踊りなどのほか、伊仙町にしか見られない茶道の一種である「振り茶」が指定されています。有形文化財には権現、新田神社、高千穂神社、八幡など神社関連のものが多いほか、高倉や蔵屋敷跡なども含まれています。天然記念物には岬や海岸、洞窟のほか、ガジュマルや森も指定されています。全体としては多種多様なものが文化財として指定されていることが分かります。

資料8：伊仙町指定文化財（33件）

①無形民俗文化財（9）
イッサンサン（秋餅もらい）（犬田布、昭和53年2月）
西伊仙東棒踊り（平成元年6月）
牛なくさみ（平成26年5月）
犬田布手踊り（昭和53年2月）
前原口説（昭和53年2月）
振り茶（犬田布、平成27年4月）
八月踊り（喜念、昭和53年2月）
中山地域田植え歌と踊り（中山、平成8年2月）
てんちゅうあもれ口説（伊仙、昭和53年2月）
②有形文化財（11）
高倉（2）（伊仙、昭和53年2月）
蔵屋敷跡（面縄、昭和53年2月）
古井戸（面縄、昭和5年2月）
禅僧座像（東花津川、昭和53年2月）
仏像（義名山神社、昭和53年2月）
中国陶器（青磁碗）（5）（平成7年4月）
喜念権現（喜念、昭和53年2月）
新田神社（喜念、昭和53年2月）
面縄高千穂神社（昭和53年2月）
検福穴八幡（検福、昭和53年2月）
③史跡（4）
面縄村外16村戸長役場跡（面縄、昭和53年2月）
恩納城跡（面縄按司城跡）（面縄、昭和53年2月）
天城遺跡（平成13年3月）
てんちゅあもれ伝説の地（ナーマンゾウガナシ）（昭和53年2月）
④天然記念物（9）
洞窟（3）（平成6年3月）

ガジュマル(老木)(昭和53年2月)	
暗川(くらごー)(小島、昭和53年2月)	
喜念浜(喜念、昭和53年2月)	
義名山の森(伊仙、昭和53年2月)	
犬田布岬(犬田布、昭和53年2月)	
宮戸原海岸(昭和53年2月)	

9) 和泊町指定文化財[11]

　沖永良部島の和泊町は幕末に西郷隆盛を始め多くの薩摩藩士が政治犯として遠島されてきたことで薩摩との縁が深いことを示すように、有形文化財には、西郷南洲遺品や南洲翁肖像、西郷南洲の掛け軸のほか、川口雪篷の掛け軸、島役人の辞令書、詰役系圖在番所など薩摩と関係するものが多く見られます。その一方で、ノロ遺品や世之主かなし由緒書、世之主の城跡など琉球王朝との関係を示す文化財もあります。このように、和泊町の指定文化財には琉球と薩摩の両方との繋がりが見て取れます。

資料9：和泊町指定文化財(30件)

①無形民俗文化財(8)
遊び踊り(手々知名、昭和42年4月)
獅子舞(畦布、昭和42年4月)
せんする節(畦布、昭和42年4月)
忍び踊り(国頭、昭和42年4月)
竿打踊り(五尺踊)(国頭、昭和42年4月)
収納米踊り(永嶺、昭和42年4月)1
やっこ(国頭、平成8年3月)
仲里節(玉城、平成8年3月)
②有形民俗文化財(4)
ノロ遺品(2)(畦布、国頭、昭和42年4月)
西郷南洲遺品(国頭、昭和42年4月)
提げ重一式(和泊、平成23年12月))
厨子甕(根折、平成23年12月)
③有形文化財(10)
南洲翁肖像(絵画)(西原、昭和61年12月)
狩野常信(絵画)(和泊、昭和61年12月)
世得堂(工芸品)(和泊、昭和61年12月)
柱掛(工芸品2)(和泊、昭和50年4月)
川口雪篷の掛け軸(書跡3)(西原、昭和42年4月、昭和61年12月)
西郷南洲の掛け軸(書跡2)(西原：昭和42年4月、和泊：昭和61年12月)
世之主かなし由緒書(古文書)(和泊、昭和42年4月)

在与中日記(古文書)(上手々知名、昭和42年4月)
諸役系圖在番所(古文書)(和泊、平成13年3月)
島役人の辞令書他(古文書)(平成23年12月)
④史跡(3)
世之主の城跡(内城、昭和42年10月)
後蘭孫八の城跡(後蘭、昭和42年10月)
畦布北海岸の古墳(畦布、昭和42年10月)
⑤景勝地(4)
瀬名半崎黒瀬付近一帯(瀬名、昭和42年10月)
喜美留笠石一帯(喜美留、昭和42年10月)
国頭フーチャ(喜美留、昭和42年10月)
国頭美瀬の浜一帯(国頭、昭和42年10月)
⑥天然記念物(1)
国頭小学校の榕樹(国頭、昭和42年10月)

10) 知名町指定文化財[12]

　知名町の文化財は、無形民俗と有形民俗文化財がそれぞれ4件ずつ、史跡、と天然記念物が6件ずつとバランスよく指定されています。知名町は民俗舞踊が盛んであることから無形民俗文化財は全て踊りです。有形民俗文化財は2件がノロの遺品のほか、九本柱というめずらしい高倉が含まれます。また、鍾乳洞の島としても知られることから、洞窟や洞のほか、4つの海岸のサンゴ礁も天然記念物として指定されています。史跡には琉球式墳墓や古墳跡、トゥール墓などの墓が指定されていて琉球との顕著な繋がりが見て取れます。

資料10：知名町指定文化財(20件)

①無形民俗文化財(4件)
久志検チンカラ踊り(久志検、昭和41年8月)
瀬利覚の獅子舞(瀬利覚、昭和41年8月)
正名ヤッコ踊り(正名、平成4年12月)
西目イシシハカマ踊り(上城校区、平成4年12月)
②有形民俗文化財(4件)
ジッキョヌホー(瀬利覚、平成14年3月)
住吉福永家のノロの遺品(知名町、昭和41年8月)
瀬利覚林家のノロの遺品(知名町、昭和41年8月)
九本柱の高倉(住吉、昭和41年8月)
③史跡(6件)
屋者琉球式墳墓(屋者、昭和41年8月)

屋子母セージマ古墳跡(屋子母、昭和41年8月)
アーニマガヤトゥール墓(赤嶺、昭和52年12月)
新城 花窪ニャート墓(新城、昭和46年9月)
浜倉(屋子母、昭和55年6月)
中甫洞穴(久志検、昭和58年3月)
④天然記念物(6件)
永良部洞(大山、昭和41年8月)
大山ヘゴの自然林(大山、昭和41年8月)
瀬利覚・知名・小米の海岸サンゴ礁(瀬利覚・知名・小米、昭和41年8月)
水連洞(大津勘、昭和41年8月)
沖泊アダンの自然林(新城、昭和41年8月)
皆カルスト地帯(田皆、昭和41年8月)

11) 与論町指定文化財[13]

　与論町の23件の指定文化財のうち7件は「大道那太(ウフドゥナタ)」の遺跡
(母屋、高倉、手水鉢、舟置き石、力石)です。大道那太は琉球北山王攀安知の
1416年頃、与論島で那太太主という地位にあり、琉球王国より助力を求
められるほどの武人であり剛力の持ち主であったと言います。また、史跡
の与論城跡や按司屋敷跡などからも琉球王国との深い関係が見て取れます。

資料11：与論町指定文化財(23件)

①有形文化財(11件)
大道那太遺物・遺跡(母屋)(朝戸、昭和51年2月)
大道那太遺物・遺跡(高倉)(朝戸、昭和51年2月)
大道那太遺物・遺跡(手水鉢)(刀入れ箱)(着物入れ櫃)(朝戸、昭和51年2月)
櫃(麦屋、平成12年4月)
瀧家文書・大和踊言葉書帳・大日本帝国政府発行地券他・十五夜踊り関係資料集他・川内先祖家系図(平成12年4月)
②有形民俗文化財(1件)
与論島の生産・生活用具(平成12年4月)
③史跡(6件)
与論城跡(立長、昭和51年2月)
赤崎ウガン(麦屋、平成12年4月)
按司根津栄屋敷跡(朝戸、平成25年2月)
根津栄墓(頭骨安置所)(朝戸、平成25年2月)
ウマヌクン(朝戸、平成25年2月)
浜宿跡(船倉岬、平成25年2月)
④天然記念物(5件)
大道那太遺物・遺跡(舟置き石)(朝戸、昭和51年2月)

大道那太遺物・遺跡(力石)(朝戸、昭和51年2月)
屋川(ヤゴー)(麦屋、昭和51年2月)
アマンジョウ(麦屋、昭和51年2月)
神井戸(カミゴー)(朝戸、平成25年2月)

　以上、奄美群島の市町村指定文化財について見てきましたが、次に、行政による「指定文化財」とは異なる新たな試みとして実践されている「奄美遺産」の取り組みについて見ていきましょう。

5　「奄美遺産」

5.1 文化財総合的把握モデル事業

　平成20年に奄美群島の3市町村が共同で文化庁の「文化財総合的把握モデル事業」に申請し、採択されました。これは、文化庁が募集・選定した全国20件のモデル地域において「歴史文化基本構想」等を策定し、その方向性や課題を明らかにすることを目的として実施したものです。宇検村・伊仙町・奄美市の3市町村は、沖縄や九州とは異なる奄美群島に固有の文化財の価値や位置づけを踏まえた歴史文化基本構想について検討を行い、上記の「文化財総合把握モデル事業」に共同で応募し、全国20地区の1つに選定されたのです。これにより、平成20年度から3ヶ年にわたり文化財の総合的な把握と、これらの文化財の適切な保存・活用を推進するための「歴史文化基本構想」のモデル策定に取り組むこととなりました[「宇検村・伊仙町・奄美市による歴史文化基本構想」2011]。

　以下、その取り組みを具体的に見ていきましょう。

5.2 事業の内容

　文化財のリスト化　まず、文化財の情報収集とリスト化の作業が行われ、文化財の総合的な把握の方法が検討されました。そこでは、従来の「文化財」の適用に馴染みにくい資産も含めて文化財を総合的に把握するために、奄美固有の文化的資源を「市町村遺産」として抽出・整理する基準・枠組みが検討されました。

市町村遺産(文化財)の抽出基準と分類方法　奄美群島には人間が自然との関わりの中で創りあげてきた奄美群島固有の文化的資源が数多く存在しますが、これらの文化的資源の中には、従来の定義・分類で「文化財」として認識されず、歴史の流れや社会、生活の変化の中に埋もれ、喪失の危機に瀕しているものも多くあります。これらの現状を踏まえて、従来の「文化財」分類の適用に馴染みにくい文化財未満の文化財も含めて「市町村遺産(文化財)」として取り上げ、幅広く掘り起こしを行うことを目的として、「市町村遺産のリスト化」作業が行われました。その基準は以下のようなものです。

○島民にとって「大切なもの」「親しまれてきたもの」「敬われてきたもの」「将来に引き継いでいきたいもの」「守り伝え残したいもの」
○一定の時間に渡って「受け継がれてきたもの」(例えば、「2世代以上受け継がれてきたもの」、「50年以上経過するもの」等)[「宇検村・伊仙町・奄美市による歴史文化基本構想」2011：7]。
その結果、以下のような「市町村遺産リスト」の種別が作成されました。

(1)集落・市町村別リスト

奄美市：赤木名・手花部集落、宇宿・城間・万屋集落、知名瀬・根瀬部集落
宇検村：村内15集落・地域
伊仙町：町内17集落

(2)分類・要素別リスト

①不動産遺産

遺跡
建築物・工作物(古民家・高倉、近代建築物(教会)、その他)
自然物
空間要素に関する資産(集落、ケンムン出没の場、島尾文学ゆかりの地、その他)

②動産遺産

古文書・歴史資料
美術工芸品(絵画、その他)
文学作品
民俗器具・装束
民俗・伝承(料理・食材、植物、島の唄と踊り、年中行事)
人材(唄者)

（「宇検村・伊仙町・奄美市による歴史文化基本構想」2011：9）

　「歴史文化基本構想」のモデル策定　次に、宇検村、伊仙町、奄美市における「歴史文化基本構想」のモデルがそれぞれ検討されました。モデルではまず、奄美の固有性・普遍性等を特徴付ける上で重要と考えられる「歴史」「生活」「集落」の3つを重点テーマとして設定し、テーマごとに、奄美の特徴を分かりやすく伝えるための「ストーリー」が検討されました。各ストーリーを構成する重要な要素は、文化財類型調査によって把握された有形・無形の「市町村遺産」の中から選定され、ストーリーとの明確な関連性を示すこれらの「市町村遺産」が「奄美遺産」(関連文化財群)として設定されました。抽出された「奄美遺産」については、ストーリー、構成資産に加えて、「保存・活用上の問題点・課題」「今後の取組方針」に関する情報整理・検討が行われ、加えて、奄美群島全体で「奄美遺産」の保存・活用を進めるための枠組みの検討や取組方針及び実現に向けた課題の整理が進められました［「宇検村・伊仙町・奄美市による歴史文化基本構想」2011］。

　「奄美遺産」(関連文化財群)の抽出目的と抽出基準　「奄美遺産」(関連文化財群)は3つのカテゴリーに分類され、カテゴリーごとに抽出目的が次のようにまとめられています。

①歴史遺産：時代ごとに奄美群島の社会的役割や特徴的な事象との関連
　性を有する特徴的な文化財群を拾い上げ、奄美特有の歴史を明らかに
　する。
②生活遺産：島民の暮らしの中に深く刻み込まれ、継承されてきた、人

と自然との濃密な関係を有する特徴的な文化財群を拾い上げることにより、奄美文化の固有性と多様性を明らかにする。
③集落遺産：特徴的な空間構造・認識、年中行事、伝承・芸能、景観要素等を共有し、継承している集落（シマ）をひとつの関連性を有する文化財群として捉え、拾い上げることにより、集落を原単位として大切にされている奄美群島民の世界観を明らかにする。

また、「奄美遺産」（関連文化財群）の抽出基準は、次のようにまとめられました。

①歴史遺産：①先史時代の文化交流を示す遺産
　　　　　　②生産と流通交易と社会構造の変化を示す中世遺産
　　　　　　③琉球文化の影響を今に伝える遺産
　　　　　　④薩摩文化の影響を今に伝える遺産
　　　　　　⑤南北の文化を融合しシマの独自性を今に伝える遺産
　　　　　　⑥奄美群島の近代化を物語る遺産
　　　　　　⑦太平洋戦争と戦後復興の足跡を示す遺産
②生活遺産：①シマンチュの精神を伝える「ケンムン」伝承
　　　　　　②豊かな自然の恵みに育まれた島の生業
　　　　　　③多様な言語の存在を今に残す島口
　　　　　　④島の暮らし・心を伝える島唄
　　　　　　⑤自然に寄り添い、支えられたシマの行事
　　　　　　⑥暮らしの中に残された「あそび」
　　　　　　⑦島から生み出された芸術・文学
③集落遺産：①大和文化の受け入れ口となった『赤木名集落』
　　　　　　②航路の拠点、南北の文化が融合したシマ『宇検集落』
　　　　　　③先史時代からの歴史が育まれた『面縄集落』

[「宇検村・伊仙町・奄美市による歴史文化基本構想」2011：16]

「歴史文化保存活用区域」の設定　このうち、「集落遺産」については、奄

美市、宇検村、伊仙町において各1箇所ずつ集落遺産を抽出することとし、奄美市の「赤木名集落」、宇検村の「宇検集落」、伊仙町の「面縄集落」が選定され、調査が実施されました。条件を満たした地域を「歴史文化保存活用区域」として設定することを想定し、具体的な事業化の手順と庁内連携、各省事業導入の方針を示した「保存活用計画(案)」が策定されました[「宇検村・伊仙町・奄美市による歴史文化基本構想」2011：15]。

5.3 事業の実施体制

　本業務の実施に当たっては、学識経験者・有識者・関連行政機関等からなる「宇検村、伊仙町、奄美市歴史文化基本構想等策定専門委員会」と、各市町村ごとに地元有識者・市町村担当課で構成する「歴史文化基本構想等策定地元委員会」の2段階の委員会が設置され、「歴史文化基本構想」の検討や「文化財類型」調査が行われました[「宇検村・伊仙町・奄美市による歴史文化基本構想」2011]。

5.4 広域的取組による「奄美遺産」の保存・活用の推進方策

　「奄美遺産」の保存・活用の推進に向けた枠組みの検討　この事業により、宇検村、伊仙町、奄美市の3市町村では、歴史遺産7、生活遺産7、集落遺産3、合計17のストーリーに関連づけられる「奄美遺産」が抽出されました。これまでは奄美群島を一つの地域と捉えて、群島全体が有する地域の固性や特徴、歴史文化の価値や位置づけを総合的に評価しようとする姿勢が希薄でしたが、「奄美遺産」の抽出作業により、奄美群島全体としての歴史文化の価値や位置づけを明確にした上で、各島々、各集落(シマ)相互の関連性や相違点を発見し、それぞれの島、集落の住民がより一層自分たちの島や集落の文化に対する興味と誇りを高めていくことが期待されるようになりました。また、宇検村、伊仙町、奄美市の3市町村においては、「市町村遺産のリスト化」→「奄美遺産の選定と情報の共有」→「各主体による保全活用計画の作成」→「具体的な保存・活用事業の推進」→「情報のフィードバックと更新」が一つのシステムの中で推進され、奄美群島全体で統括的に管理されることが望ましいと考えられるようになりました。

このような過程を経て、奄美群島全体での「奄美遺産」の保存・活用の推進を実現する仕組みとして、「奄美遺産」の登録・認定の制度を含むモデル構想の枠組が検討されたのです［「宇検村・伊仙町・奄美市による歴史文化基本構想」2011：85］。

　モデル構想の枠組み　奄美群島全体での「奄美遺産」の保存・活用の推進に向けたモデル構想の枠組みについては、「市町村遺産のリスト化」「奄美遺産のストーリー化」「保存活用の取組」の3段階の取組が想定され、それぞれ実施主体が異なっています。

　① 市町村遺産のリスト化（各市町村での取組）
　　a.各主体からの推薦の受付
　　b.審査
　　c.市町村遺産リストの作成
　②「奄美遺産」のストーリー化（奄美群島全体での取組）
　　a.群島内の情報共有とストーリー化の検討
　　b.奄美遺産の審査・共有情報の確認協議
　　c.「奄美遺産」のデータベース作成
　③ 保存・活用の取組（各主体の取組）
　　a.各主体による「保存・活用計画」の作成・届出
　　b.各主体による保存・活用の取組とモニタリング

［「宇検村・伊仙町・奄美市による歴史文化基本構想」2011：90-92］

5.5 指定文化財と「奄美遺産」との違い

　指定文化財と奄美遺産との大きな違いは、その選定の過程にあります。指定文化財は国や県及び市町村が、主に学識経験者からなる文化財審議委員会で、その内容などを十分調査・研究して審議し指定・選定するのに対し、「奄美遺産」は各市町村の文化財担当課が、地域住民への調査を行って収集・整理した情報に基づいて市町村遺産候補を抽出するだけでなく、市民団体、集落、個人等の様々な主体からも文化財に関する幅広い情報の掘り起こし集約に努めています。前者がトップダウン的に選定・指定される

のに対し、後者はボトムアップ的に収集された情報を元に選定される点が大きな相違点だと言えます。

6　「奄美遺産」と地元学

　「奄美遺産」の保存・活用を実現する仕組み作り　地元学を提唱する小栗によれば、「奄美遺産」構想の特徴の一つは、文化財の抽出基準にあると言います。「奄美遺産」構想では、従来の文化財の適用に馴染みにくい文化財未満の文化財であっても、人間と自然との関わりの中で創りあげられてきた奄美固有の文化的資源を表現するために、「市町村遺産」という考え方を想定し、島民が「敬い、守り、伝え、残したい」と思っているもの、および一定時間「受け継がれてきたもの」を文化財の抽出基準に定めた上で、宇検村、伊仙町、奄美市の3市町村は、これらに関する地域住民へのヒアリングや「集落悉皆調査」を行っています。3年間で集められた地域の資産は9000件に上ると言います［小栗2013：3］。

　「奄美遺産」構想の次の作業は、リスト化した「市町村遺産」の中からさらに、奄美の固有性・普遍性を特定していけるように、①奄美特有の「歴史遺産」、②人と自然の濃密な関係を有する「生活遺産」、③特徴的な空間構造・認識・年中行事などを継承している「集落遺産」の3つを重点テーマとして抽出することでした。抽出された重点テーマには、それぞれ具体的な「ストーリー」が設定され、そのストーリーを構成するうえで重要な「市町村遺産」を「奄美遺産(関連文化財群)」に選定するといった手順モデルが提示され、さらに、事業終了後も活動が持続するよう「奄美遺産」の保存・活用の推進を奄美群島全体で実現していく仕組みとして、「『奄美遺産』の登録・認定制度を含むモデル構想の枠組み」が提案されました［小栗2013：3-4］。

　地元学の実践　「奄美遺産」の実現に向けた取組みの一つは、「集落の核になるもの」を探し当てることの大事さを説き、実践することだと言います。地元学では、それを地域の個性の把握と呼び、地域の個性を確認するとは、自分たちの住んでいる地域がどういうところかを調べ、考え、理解し、そして、遺産を掘り起こす対象を人々の身近な暮らしに求めたことだと言い

ます[小栗2013：5]。一方、地元学を実践するさいの困難は、活動が地元に根づかないこと、もう一つは、「活用する」ことにつなげられないために活動が停滞することで、調べたことに満足して終わってしまう状況は実に多いと言います[小栗2013：6]。

　「奄美遺産」構想は、文化財の「適切な活用」の推進も目的に掲げています。研究者や行政にとっては、文化財の「適切な保存」が主な関心事であり、遺産の多くは、掘り起こしの作業をあえてしなければ、記録に残ることもなく失われてしまいます。文化財の「保存」と「活用」の第一の当事者はその土地に責任をもつ地元の住民であるが、問題は、集落民自らが、集落を調べ、その情報の意味を考え、それらを集落づくりにどのように役立てていくか、その事実を実態ある内容とそれを保障する仕組みをどうつくるかにあると小栗は指摘しています[小栗2013：6-7]。

7　結びと課題

　本章の前半では、資源とは利用価値、すなわち有用性をもち、あるものが何かの目的に役立つという前提があってこそ、資源であること、あるものが資源になるためには、それが有用であると誰かが「認定」しなければならないこと、「文化資源」という用語は、「文化」を「資源」として動員・利用することを意味し、文化資源について理解するためには、誰にとって何がどう有用なのかについて、その有用性を認定し、利用しようとする主体について考える必要が生じること、文化資源の問題を国家や行政の側からとらえるだけでなく、地域の視点に立ちつつ、地域の集団が発信した「文化資源」の生成・維持のメカニズムに検討を加えることが、文化資源というものの新たな展望を得る上で有効だということを見てきました。

　後半では、これを「奄美の文化資源」の議論に置き換えて、奄美群島の文化資源の多くは国や県、市町村により有形・無形文化財や史跡として指定され、文化財として県や市町村のホームページにリスト化されていますが、新たな試みとして実践されている「奄美遺産」の取り組みについて見てきました。「奄美遺産」は、地域の文化資源が国や市町村により発掘し認定され

るという従来型の「文化の資源化」とは異なり、従来の「文化財」分類の適用に馴染みにくい文化財未満の文化財も含めて奄美群島における「市町村遺産（文化財）」を抽出し、幅広く掘り起こしを行うことを目的としたものです。

　このように、「奄美遺産」という取り組みは、地域（集落）住民が、「敬い、守り、伝え、残したい」と思っているものを、地域（集落）住民自らが、「歴史遺産」あるいは「生活遺産」、「集落遺産」として「認定」し、それが「市町村遺産」として認定され、その集合体が「奄美遺産」となるというボトムアップ的な認定の仕組みです。地域住民により「認定」された「文化資源」ですから、文化の資本化に至らない文化資源です。

　過疎化が著しい奄美群島の多くの地域（集落）において、「奄美遺産」の取り組みは、単に、地域活性化策としてばかりでなく、その地域（集落）の歴史や文化、あるいは、その地域（集落）で人々が生きてきた証を後生に残す試みでもあると言えます。文化の資源化にはそうした試みとしての意味もあるのです。その一方で、文化の継承の問題は、過疎化の先に大きな課題として残っています。過疎化、少子高齢化が進む地域社会で「奄美遺産」を、具体的には、誰に、どのように継承していくことが可能か、そして、それは誰にとってどのような意味があるのかという問題についてさらなる検討が必要です。

注
1)　一般社団法人結いの島：
　　https://www.yuijima.com/ リンク集　最終アクセス 2021 年 10 月 26 日
2)　鹿児島県内の指定文化財一覧：市町村別一覧：
　　http://www.pref.kagoshima.jp/ba08/documents/41267_20190904082147-1.pdf
3)　奄美市文化財：
　　https://www.city.amami.lg.jp/bunka/kyoiku/bunka/bunkazai/kuniken.html
　　最終アクセス 2021 年 10 月 26 日
4)　龍郷町登録有形文化財：
　　https://www.town.tatsugo.lg.jp/edu/event-bunka/rekishi-bunka/yukebunkazai.html　最終アクセス 2021 年 10 月 26 日
5)　龍郷町登録有形文化財：
　　https://www.town.tatsugo.lg.jp/edu/event-bunka/rekishi-bunka/yukebunkazai.

html. 最終アクセス 2021 年 10 月 26 日

6) 大和村指定文化財一覧：
https://www.vill.yamato.lg.jp/kyoiku/kurashi/kyoiku-bunka/bunka/bunkazai/
mura.html 最終アクセス 2021 年 10 月 26 日

7) 宇検村指定文化財：
http://www.uken.net/bunkashinkou/kyoiku-bunka/bunkazai/murashite/ukenson.
html 最終アクセス 2021 年 10 月 26 日

8) 喜界町町勢要覧資料編平成 28 年度版
https://www.town.kikai.lg.jp/tokei/machi/gaiyo/documents/h28yoran.pdf
最終アクセス 2021 年 10 月 26 日

9) 天城町文化遺産データベース：
http://yuiamagi.html.xdomain.jp/ 最終アクセス 2021 年 10 月 26 日

10) 伊仙町指定文化財一覧：
https://rekimin.wixsite.com/database 最終アクセス 2021 年 10 月 26 日

11) 和泊町指定文化財一覧：
http://www.town.wadomari.lg.jp/kyouiku/kurashi/shakaikyoiku/gejutsu/bunkazai.
html 最終アクセス 2021 年 10 月 26 日

12) 知名町指定文化財一覧表：
http://www.town.china.lg.jp/shougai/kurasu/kosodate-kyoiku/shogaigakushu/
bunkazai/ichiranhyo.html 最終アクセス 2021 年 10 月 26 日

13) 与論町教育委員会　文化財：
http://www.yoron.jp/kyouiku/imgkiji/pub/default.aspx?c_id=75
最終アクセス 2021 年 10 月 26 日

参考文献

小栗有子［2013］「『奄美遺産』の地元学的展開の提案〜その理由と目的〜」『鹿
児島大学生涯学習教育研究センター年報』10、pp.1-10

兼重努［2014］「文化資源としての民間文芸——トン族の演劇「秦娘梅」の事例
から——」武内房司・塚田誠之（編）『中国の民族文化資源　南部地域の
分析から』風響社、pp.331-400

窪田幸子［2007］「アボリジニ美術の変貌——文化資源をめぐる相互構築」山
下晋司（編）『資源人類学　第 2 巻　資源化する文化——』弘文堂、pp.181-
208

武内房司・塚田誠之［2014］「序」武内房司・塚田誠之（編）『中国の民族文化資源
南部地域の分析から』風響社、pp.1-24

マリノフスキー・B.［1967］「西太平洋の遠洋航海者」泉精一（編）『マリノフス
キー、レヴィ＝ストロース』（世界の名著台 9）、中央公論社

森山工［2007］「文化資源使用法 —— 植民地マダガスカルにおける『文化』の『資源化』」山下晋司（編）『資源人類学　第2巻　資源化する文化 ——』弘文堂、pp.61-91
山下晋司［2007］「資源化する文化」山下晋司（編）『資源人類学　第2巻　資源化する文化』弘文堂、pp.13-24

参考資料
宇検村・伊仙町・奄美市［2011］「宇検村・伊仙町・奄美市による歴史文化基本構想」、宇検村・伊仙町・奄美市、平成23年3月
　　https://www.city.amami.lg.jp/bunka/rekishibunka.html
　　https://www.city.amami.lg.jp/bunka/documents/rekishibunka.pdf

読書案内
内堀基光（編）［2007］『資源人類学　第1巻　資源と人間』弘文堂
山下晋司（編）［2007］『資源人類学　第2巻　資源化する文化』弘文堂
桑原季雄［2021］『奄美の文化人類学』（鹿児島大学島嶼研ブックレット）北斗書房

第4章

ことばと地域文化

木 部 暢 子

1　問題提起

　近年、各地で標準語化が進み、伝統的な地域のことば(方言)が衰退しつつあります。この変化が進めば、いずれ日本全国のことばは標準語に一本化されてしまうかもしれません。このような状況は日本だけでなく、いま世界中で起きています。これに対しては、次のような意見があります。

(1) 方言で話しても他の地域の人に通じないから、方言は使用しない方がいい。方言がなくなっても問題ない。

(2) 方言の衰退は社会の変化や時代の流れによるものであって、しかたがない。

(3) 方言には地域の文化や歴史がつまっているので、なくなるのは寂しい。また、方言には地域の人々の結束を強める働きがある。

　(1)は方言がなくなることに賛成、(2)は容認、(3)は反対の意見です。この章では、地域が直面している地域言語の衰退の状況をさまざまな視点か

71

ら分析し、地域の言語をなぜ守らなければならないか、地域の言語を守ることが地域文化の活性化にどうつながるのかについて考えます。

2　消滅危機言語・消滅危機方言とは

2.1 ユネスコのAtlas of the World's Languages in Danger

　危機言語とは　危機言語(endangered languages)とは、近い将来に消滅が危惧される言語のことです。ユネスコ(国際連合教育科学文化機関)は、2009年2月に世界の危機言語のリストと地図を発表しました。*Atlas of the World's Languages in Danger*(世界消滅危機言語地図)第3版がそれです。図4.1は、ユネスコのホームページから引用してきたものです。危機言語が話されている地点にバルーンが立っています。バルーンの数は約2,500個で、バルーンの色が濃いほど危機の度合いが高いことをあらわしています。黒はextinct(すでに絶滅)、赤はcritically endangered(極めて深刻)、オレンジはseverely endangered(重大な危険)、黄色はdefinitely endangered(危険)、白はvulnerable(脆弱)。現在、世界で話されている言語は約6,000〜7,000と言われていますから、40％くらいが危機言語に指定されたことになります。

図4.1　Atlas of the World's Languages in Danger(世界消滅危機言語地図)
　(http://www.unesco.org/languages-atlas/ 2021.12.7閲覧)

2.2 日本の消滅危機言語

　日本には消滅危機言語がいくつあるでしょうか。ユネスコの2009年の発表では、危機の度合いの高い順にアイヌ語(極めて深刻)、八重山語、与那国語(重大な危険)、八丈語、奄美語、国頭語、沖縄語、宮古語(危険)の8つが危機言語と指定されています(図4.2)。

図4.2　日本の消滅危機言語
(http://www.unesco.org/languages-atlas/
2021.12.7閲覧)

　アイヌ語　かつては北海道全域、千島列島、樺太、カムチャツカ半島南部、東北地方にアイヌ語を話す人が住んでいましたが、現在は北海道の限られた地域にしかアイヌ語を母語として話す人(ネイティブスピーカー)がいなくなりました。このような中、最近はアイヌ語を復興しようという運動が盛んになり、アイヌ語の学習講座やラジオ講座が開催され、アイヌ語が話せる人が少しずつ増えてきています。

　奄美・沖縄の言語　ユネスコが指定した8つの言語のうち、6つが奄美・沖縄に分布しています。これには、奄美・沖縄の歴史が関係しています。奄美・沖縄は、古くから日本(大和)とは異なる文化圏を形成していました。沖縄では1429年に琉球王国が誕生し、1872年に明治政府が琉球藩を設置するまで約450年間、琉球王国の時代が続きました。奄美は15世紀に琉球王国の支配下に入りますが、1609年の薩摩藩の琉球侵攻により薩摩藩の直轄地となり、明治以降は鹿児島県に所属することになりました。明治時代に新しく日本に組み込まれた奄美・沖縄では、急速に日本化が進められました。言語の面でも標準語教育がかなり強く行われています。また、第二次世界大戦後、奄美は1953年まで、沖縄は1972年までアメリカ軍の軍政下に置かれました。このような歴史を背景として、奄美・沖縄の言語は現在、存続の危機に陥っているのです。

　八丈語　八丈のことばは、『万葉集』の東歌の特徴を伝えています。そのた

め、古い東国語の姿を探る手がかりになるのではないかと、以前から注目されていました。八丈は、江戸時代は徳川幕府の支配下に置かれていましたが、明治11年に東京都に組み込まれました。それに伴い、標準語化が急速に進み、やはり存続の危機に陥っています。

2.3 各地の方言も危機的状況

危機の度合いの測定結果　ユネスコの消滅危機言語リストには、本土の方言が一つも入っていません。本土の方言は危機ではないのでしょうか。そんなことはありません。多くの本土方言も危機的な状況にあります。ユネスコが示した9つの指標を使って、八丈や奄美、沖縄のことばと、本土の方言の危機の度合いを測定した研究があります。その結果を比較すると、点数に幅があるものの、岩手県の海岸部の方言、宮崎県椎葉村方言、鹿児島県甑島方言は、9項目の平均が5点満点中の2.0点前後になっていて、ユネスコが危機言語として指定した八丈や奄美、沖縄のことばとばと同じか、それ以下の数値が出ています(表1)。岩手県や宮崎県椎葉村、鹿児島県甑島は、現在、かなり過疎化が進んでいる地域ですが、表1に示していない地域でも、方言の衰退に関しては似たような状況にあります[木部2019]。

表1　日本各地の危機の度合いの測定

種別	言語名・方言名	9指標の平均点 (5点満点中)
ユネスコの消滅危機言語	八丈語	2.1〜3.1
	奄美語(鹿児島県喜界島)	2.2〜2.5
	国頭語(沖縄県名護市)	2.3
	宮古語(沖縄県多良間)	2〜2.4
	八重山語(沖縄県石垣島)	1.8
	与那国語(沖縄県与那国島)	1.9〜2.1
本土方言	岩手県海岸部の方言	2.0〜2.8
	宮崎県椎葉村方言	1.94〜2.44
	鹿児島県甑島方言	1.6〜2.0

　本土方言も危機　では、なぜ、本土の方言がユネスコのリストに掲載されていないのでしょうか。それは、本土の諸方言は日本語のバリエーション、つまり「方言」と考えられたからです。日本語は危機言語ではありません。したがって、そのバリエーションである各地の方言も危機言語としてリストアップされなかったのです。しかし、各地の伝統的な方言も標準語化の波を受けて衰退の一途をたどっています。

3　言語と方言

　本土の諸方言は日本語のバリエーションの一つだと言いましたが、じつは、ユネスコが指定した8つの言語のうち、アイヌ語を除く7つの言語はこれまで「方言」と呼ばれてきました。ユネスコは、国際的な基準だと八丈語、奄美語、沖縄語などは独立の言語と扱うのが妥当だとして、これらを「言語(language)」として扱ったと言っています(朝日新聞2009年2月10日夕刊による)。いったい、「言語」と「方言」はどう違うのでしょうか。

3.1 言語学的背景

　アイヌのことば　アイヌのことばに関しては、従来から日本語とは別の言語と考えられ、「アイヌ語」と呼ばれてきました。その理由は、アイヌのことばと日本のことばの間には、語彙的、文法的な共通性がほとんどないからです。例えば、下にあげたアイヌのユカラ(アイヌに伝わる叙事詩)の「ケムカチカッポになった女(小鳥になった若妻)」を見ると、アイヌのことばと日本のことばの間に単語の共通性を見いだすことができません。このような場合、2つのことばは別々の言語と考えることになり、アイヌのことばは「アイヌ語」と呼ばれることになります。

アイヌのユカラ「ケムカチカッポになった女」(小鳥になった若妻)
1.(アイヌ語) パンアコロユピ　トゥラノカイキ　ピリカウヘトゥラシテ
　(標準語訳) 私の兄(夫)　　と一緒に　　　　とても仲良く

2. クンネヘネ　　　トカプヘネ
　　夜も　　　　　　昼も
3. チ＝キパキコロ　オカイ＝アシアクス
　　そうして　　　　暮らしていたところ
4. ウシネアント　　アシヌマヤナク
　　ある日　　　　　私は
5. ウクンネヘネ　　ウトカプヘネ
　　夜も　　　　　　昼も
6. ケメイキパテク　ネプキネヤ＝キ
　　針仕事ばかり　仕事にして
7. ア＝ケムルヨカ　ア＝ケムルエトク
　　私の針の後　　私の針の前を
8. トゥイメルクル　レイメルクル　コトゥイトゥイケナ
　　ふたつの光　　みっつの光が　横切る。

※ロ、ク、ルなどは母音を発音しない子音だけの発音をあらわす。

（国立国語研究所『アイヌ語口承文芸コーパス』より）

奄美のことば　それに対し、奄美のことばは、耳で聞いただけでは意味が
わかりませんが、標準語と比較してみると、両者の間に単語の共通性を多
く見いだすことができます。奄美の民話「赤しょうびんと烏」を見てみま
しょう。

奄美の民話「赤しょうびんと烏」
1.（奄美語）モカシ　クルサン　キン　キチュン　クッカルトゥ
　　（標準語訳）むかし　黒い　衣（着物）を　着ている　赤しょうびんと
2. ハーサン　キン　キチュン　ガラスィヌ
　　赤い　　　衣を　着ている　からすが
3. "コンティ　アムィロヤー"　チチ　ウン　ターリ　イジャンチュバ.
　　「川で　水浴びしようね」と言って　この　二人は　出かけたとさ。

76

4. コンティ　アムィトゥタン　クッカルヌ
　　川で　　　水浴びしていた　赤しょうびんが

5. ショーマデ　シ　　カチーチ　アガティ
　　あわてふためいて　おかへ　　上がって

6. ガラスィヌ　ハーギン　キチ　トゥディ　イジャンチ.
　　からすの　　赤い衣を　着て　飛んで　　行ったって。

7. アトナン　ノホトゥタン　ガラスィヤ
　　後に　　　残っていた　　からすは

8. ジブンヌ　ハーギンナー　トゥラッティ　ネーダナ
　　自分の　　赤い着物は　　とられて　　　無いので

9. クッカルヌ　　クルサン　キン　キランバ　ナランタンチュカナ.
　　赤しょうびんの　黒い　　衣を　着なくてはならなかったそうだよ。

（科研費重点領域研究「日本語音声」CDより）

　これを見ると、奄美のことばと標準語の間には、次に示すように、もとは同じ単語だと思われる語がたくさんあります。

　　モカシ mokasi：むかし mukasi、クルサン kurusan：くろい kuroi
　　キン kin：きぬ kinu、キチュン kityun：きている kiteiru
　　アムィロ amïro：あびよう abiyoo、ターリ taari：ふたり hutari
　　ネーダナ needana：ないので nainode

　次の例では標準語の［k］が奄美では［h］に対応しています。

　　ハーサン haasan：あかい akai
　　ノホトゥタン nohotutan：のこっとった nokottotta（のこっていた）

　このように、2つの言語の間にきれいな対応関係が見られる場合、両者を同じ祖先をもつ(同じ系統に属する)姉妹言語と考えます。これまで、このような関係をバリエーションの関係と考え、「方言」と呼んできたのです。

八丈、沖縄のことば　八丈や沖縄のことばも同じように、耳で聞いただけではほとんど意味がわかりませんが、日本のことばと細かく突き合わせてみると、多くの単語が共通していることがわかります。したがって、これらも日本語と同じ系統に属する姉妹言語と考えることができます。それで、八丈や沖縄のことばも日本語のバリエーション、つまり「方言」と呼ばれてきたのです。

3.2 政治的背景

　国を超えると「方言」とは言わない　ただし、同じ系統に属する言語がすべて「方言」と呼ばれるわけではありません。例えば、ドイツ語と英語は同じ系統に属します。インドからヨーロッパにかけての広い地域で使われている諸言語は、ルーツを同じくすることが明らかにされており、インド・ヨーロッパ語族と呼ばれています。しかし、ドイツ語と英語は「方言」の関係にあるとは言いません。同じ系統に属していても、使われる国が違うからです。

　スイスの場合　1つの国で幾つかの言語が使われることもあります。例えば、スイスではドイツ語、フランス語、イタリア語が公用語とされています。この場合は、スイスという1つの国の中で3つの言語が使われていることになりますが、この3つをスイスの中の「方言」とは言いません。それはやはり、この3つがドイツ、フランス、イタリアという国の言語だからです。このように、「言語」には国という概念が深く関わっています。

　地域の言語が公用語に　スイスではこの他に、スイス南東部だけで使われるロマンシュ語が公用語として認められています。ロマンシュ語はインド・ヨーロッパ語族に属する言語ですが、ドイツ語、フランス語、イタリア語とは特徴が異なっています。また、ロマンシュ語はドイツ語、フランス語、イタリア語のように独立した国と結びついているわけではありません。しかし、スイスでは、この地域に住み、この地域の言語を使う人たちの権利を尊重して、ドイツ語、フランス語、イタリア語と同様に公用語と認めています。

3.3 名称よりも尊重を

判断は難しい　このように、同じ系統に属するからといって、すぐに「方言」になるわけではありません。また、ロマンシュ語のように、国内の1地域のことばを「言語」と呼ぶ場合もあります。「言語」と「方言」にはさまざまな要因がからんでいて、単純に「言語」か「方言」かを決めることはできないのです。そこで、言語学の分野では、お互いに通じるか通じないかを重視して、通じないくらい異なっている（相互理解が成り立たない）2つの言語は、別の言語と考えようという方針を立てました。ユネスコはこれを基準として消滅危機言語を指定したのです。

ただし、相互理解が成り立つかという判断も難しい面があります。先に見た奄美のことばは、他の地域の人が聞いてもほとんど意味が理解できません。これと同じように、青森や鹿児島のことばも他の地域の人にはほとんど意味が理解できません。そうすると、青森や鹿児島のことばも「言語」ということになり、「言語」が一気に増えてしまいます。

人権の尊重の意味で　また、「○○語」と呼ぶと、その地域が独立しているようなニュアンスが付け加わってしまうことがあります。上に述べた英語、ドイツ語、フランス語、イタリア語は、独立した国で使われている言語です。その感覚で、1つの国の中に「言語」がたくさんあることに違和感をもつ人がいるかもしれません。しかし、スイスのロマンシュ語のように、国の中の1地域のことばを「言語」と呼ぶこともあります。このようなことが普通になれば、「○○語」という用語から「独立」というイメージを取り除くことがでるかもしれません。「その地域に住み、その地域の言語を使う人たちのことば」という意味で「○○語」を使えばいいのです。

しかし、「言語」「方言」にはすでにさまざまなバイアスがかかっているので、これらの名称を使うよりも、単純に「○○地域のことば」という言い方をする方がいいかもしれません。これなら、「ある地域で話されていることば」といった、バイアスのかからない意味になります。「言語」か「方言」かにこだわるよりも、その言語を使う人たちの人権を尊重した呼び方をしたいものです。

4 消滅危機言語と絶滅危惧種

次に、なぜ消滅危機言語を守らなければならないかについて考えましょう。そのときに参考になるのが、動植物の絶滅危惧種です。この節では、動植物の絶滅危惧種の保護と消滅危機言語の保護を比べることにより、なぜ消滅危機言語を守らなければならないかを考える際の参考にしたいと思います。

4.1 動植物の絶滅危惧種

動植物のレッドリスト　絶滅が危惧される動植物を保護する動きは、言語より50年くらい早く、1940年代から始まりました。このころ、哺乳類や鳥類が絶滅するという報告が世界各地からあり、1948年にIUCN (International Union for Conservation of Nature、国際自然保護連合)が設立され、1966年に絶滅のおそれのある野生生物のリスト(レッドリスト)が作成されました。1975年にはワシントン条約(絶滅のおそれのある野生動植物の種の国際取引に関する条約)が発効され、野生生物種を絶滅から守るための取引管理が行なわれています。これにより、例えば、象牙などの取引が規制されるようになりました。

日本では、1991年年に環境省が第1次『環境省レッドリスト』を公表し、これが定期的に改訂されています。また、都道府県により『都道府県版レッドリスト』も作成されています。

動植物の繁殖事業　レッドリストの作成だけでなく、アフリカやアメリカ、オーストラリアの動物の保護地域では、人工授精などで個体数を増やしていく活動も行われています。日本では、トキの増殖事業が有名です。日本のトキは一度、絶滅しましたが、中国から借り受けたトキを佐渡島で繁殖させ、それを野生にもどす取り組みが行われています。

動植物と言語の違い　重要なのは、IUCNや環境省のこのような事業に対して、「絶滅が危惧される動植物なんか守らなくてもいい」「絶滅するのは時代の流れだからしかたがない」と言う人があまりいないことです。もし、このような発言をすると、世間から批判を受けかねません。それに比べて

言語の場合、最初に述べたように、「方言は使わない方がいい」「方言の衰退は時代の流れだからしかたがない」という意見が結構、多いのです。この違いは何なのでしょうか。

4.2　絶滅危惧種をなぜまもらなければいけないの？

環境省のウェブページには、「なぜまもらなければいけないの？」というタイトルのページがあます。そこには「絶滅危惧種を守ることは、生命の歴史と、私達の暮らしを守ること」として、次のように書かれています（https://www.env.go.jp/nature/kisho/hozen/naze.html）。

表2　なぜまもらなければならないの？（絶滅危惧種）

絶滅危惧種を守ることは、生命の歴史と、私達の暮らしを守ること

　日本には、実は世界的にみても豊かな自然が残されていることを知っていますか？現在、国内には未だ知られていない生物も含めて約30万種を超える生物がいると考えられています。南北に長い国土、海岸から山岳までの大きな標高差、大小数千の島嶼を有することなどにより、日本独特の豊かな自然がつくられてきました。ほ乳類の4割、爬虫類の6割、両生類の8割が日本にしか生息しない固有種です。

　そんな日本で今、多くの生物たちが絶滅の危機に瀕しています。生物を絶滅から守ることは、生命の長い歴史を守る重要なことです。しかし、実はそれだけでなく、私達の暮らしを守ることにもつながっているのです。

■　種は、生命の長い歴史の結晶

　人間を含むすべての生物は地球とともに長い時間をかけて、今のような形になりました。生物の種は生命の長い歴史の結晶であり、それ自体がかけがえのない価値を持っています。

■　多様な生物に支えられる私たちの暮らし

　私たちの暮らしは、多様な種が関わりあいながら形成する自然の恵みに支えられています。複雑なバランスで成り立っている自然を守るためには、一つ一つの種を絶滅から守っていくことが大切です。

■　絶滅危惧種は地域の宝物

　　絶滅危惧種などの生物の中には、伝承や行事に登場したり、その土地の産業の中心となるなど、地域の文化と密接に結びついた種もあります。これらの象徴的な生物の保全は、地域のアイデンティティを見つめ直すことにつながります。

　　環境省の「なぜまもらなければいけないの？」を参考にして、消滅危機言語ヴァージョンの「なぜまもらなければいけないの？」を作ってみました。それが表3です。

表3　なぜまもらなければならないの？（消滅危機言語）

消滅危機言語を守ることは、生命の歴史と、私達の暮らしを守ること

　日本には、実は世界的にみても豊かな言語が残されていることを知っていますか？現在、国内には未だシステムが解明されていない言語も含めて多くの言語があると考えられています。南北に長い国土、海岸から山岳までの大きな標高差、大小数千の島嶼を有することなどにより、日本独特の豊かな言語がつくられてきました。多くが日本にしか存在しない固有言語です。

　そんな日本で今、多くの言語が消滅の危機に瀕しています。言語を消滅から守ることは、生命の長い歴史を守る重要なことです。しかし、実はそれだけでなく、私達の暮らしを守ることにもつながっているのです。

◆　言語は、生命の長い歴史の結晶

　人間の話すすべての言語は人類の誕生とともに長い時間をかけて、今のような形になりました。言語は人類の長い歴史の結晶であり、それ自体がかけがえのない価値を持っています。

◆　多様な言語に支えられる私たちの暮らし

　私たちの暮らしは、多様な言語が関わりあいながら形成する自然の恵みに支えられています。複雑なバランスで成り立っている社会を守るためには、一つ一つの言語を消滅から守っていくことが大切です。

◆　消滅危機言語は地域の宝物

　消滅危機言語は、伝承や行事に登場したり、その土地の産業の中心となるなど、地域の文化と密接に結びついています。これらの象徴的な言語の保全は、地域のアイデンティティを見つめ直すことにつながります。

　最後の「消滅危機言語は地域の宝物」の部分は、まるで消滅危機言語のために作られた文章のようです。動植物の絶滅危惧種の場合、環境省がこのような手引きを作成し、それに対して誰も異論を唱えないのに、消滅危機言語の場合、なぜ、文部科学省は「消滅危機言語を守ることは、生命の歴史と、私達の暮らしを守ること」といった手引きを作らないのでしょうか。また、「トキやオオサンショウウオがいなくなってもしかたがない」という人があまりいないのに、「方言がなくなってもしかたがない」という人たちがたくさんいるのはなぜなのでしょうか。

5　なぜ消滅危機言語をまもらなければならないか

5.1　絶滅危惧種（動植物）と消滅危機言語の比較から

　これまでの内容を受けて、なぜ消滅危機言語を守らなければならないかをまとめてみましょう。あるクラスで行ったディスカッションで出た意見を紹介します。

(1) 生物を絶滅から守ることが、実は、私達の暮らしを守ることにもつながっているという説明はわかりにくい。言語についても、言語を消滅から守ることが私達の暮らしを守ることにつながっているといえるのか。

(2) 絶滅する動植物を保護して多様性を残しても、どのくらい意味があるか疑問だ。実際、今、恐竜は生きていない。それを復活させようとすると、映画「ジュラシック・パーク」のようなことになってしまう。消滅する言語の場合も、これを保護して多様性を残しても、どのくらい意味があるのか。

(3) 動植物の場合、多様性を守ることは自然のバランス、環境バランスのために必要かもしれないが、言語の場合、多様だとコミュニケーションの妨げになるので、統一する方が便利だ。

(4) 絶滅危惧種の「伝承や行事に登場したり、その土地の産業の中心となるなど、地域の文化と密接に結びついた種もあります」は、人間中心の立場で動植物を見ているような気がする。伝承や行事に登場したり、

産業の中心となったりしない動植物は、保護の対象にならないのか。言語の場合も、産業の中心とならない言語は保護する必要がないのか。

(5) 象や鳥などは、人間が金儲けのために捕獲したのが絶滅の原因の一つである。また、森林の伐採や水質の汚染など、人間が自分たちの発展のために自然を破壊したことが原因となっている部分もある。このことが「なぜまもらなければならないの？」には書かれていない。言語の場合も、経済優先が言語の消滅の原因の一つになっていないか。また、人類の発展のために引き起こされた社会の変化が言語の消滅の原因となっているのではないか。

(6) 絶滅危惧種が地域のアイデンティティを見つめ直すことにつながるという話は、あまりぴんとこない。言語の場合は、地域のアイデンティティを見つめ直すことにつながる。

5.2 多様性と画一性

　動植物の絶滅と言語の消滅は、よく似た事情や背景をもっていることがわかってきました。しかし、異なる部分もあります。ここでは、このうちの幾つかを取り上げて、言語の消滅について考えてみましょう。

　まず、(1)、(2)は全体的な感想なので、(3)についてとりあげてみましょう。これは、動植物と言語で事情が異なっている項目です。

　コミュニケーションの手段としての言語　言語の場合、確かに、コミュニケーションのためには1つの言語を使う方が便利です。現在では英語がこの「1つの言語」の位置を占めるようになってきました。では、世界中が1つの言語(例えば英語)になって、他の言語がなくなってしまってもいいでしょうか。その場合、日本語もなくなることになります。それはよくない、日本語がなくなるのは嫌だと考える人が多いのではないでしょうか。

　複数の言語を使う生活　ディスカッションでは、「英語はコミュニケーションの手段として位置づければいい」という意見も出されました。動物の場合も言語の場合も、1つだけを選ぶ必要はありません。多様な生き物や多様な言語があっていいし、言語の場合、一人の人が複数の言語を使ってもいいわけです。実際、ヨーロッパではバイリンガル、トリリンガル、

マルチリンガルの人がたくさんいます。また、沖縄のお年寄りは、沖縄のことばと日本語とのバイリンガルです。地域の言語を使いながら、世界の人とのコミュニケーション手段としては、ある1つの言語(例えば英語)を使うということが可能です。したがって、「多様だとコミュニケーションの妨げになる」ということはありません。

　バイリンガルになる環境　ただし、複数の言語を習得するには時間がかかります。ヨーロッパの場合、日常生活の中にいろいろな言語が共存していて、バイリンガル、マルチリンガルになる環境が生活の中にあります。沖縄のお年寄りも、幼い時には日常生活の中に地元のことばと標準日本語が共存していて、バイリンガルになる環境がありました。しかし、沖縄の次の世代は、バイリンガルになる環境が生活の中にあったにもかかわらず、1つの言語(標準日本語)しか習得しませんでした。この背景には、沖縄では標準語教育が徹底して行われたことや、次に取りあげる「経済財としての言語」の問題があります。しかし、今はまだ、かろうじてバイリンガルになる環境が残っています。動植物の絶滅を防ぐのが可能であるのと同様に、言語の消滅を防ぐことはまだ可能です。

　環境の変化と生物多様性　また、動植物の場合、多様性を守ることは、動植物の生存につながると言われます。もし、環境が変化して動植物が新しい環境に対応できなくなった場合、同じ遺伝子をもつ動植物は絶滅してしまう可能性がありますが、遺伝子が多様であれば、中には新しい環境に適応できる動植物がいるかもしれません。実際、恐竜は地球環境の変化に適応できず、絶滅しましたが、生き延びた生物もいます。

　思考力と言語多様性　言語の場合、多様性が人間の生存につながるかというと、すぐに「そうだ」と言うのは難しそうです。しかし、次のようなことが考えられます。言語は人間の思考の基盤となっています。人は言語によって物事を考え、目に見えること・見えないこと、実際に起きたこと・起きていないこと、思ったこと、感じたことなど、いろいろなことを表現します。

　思考力はどのようにして育つのでしょうか。そのメカニズムはまだわかっていませんが、違いに接し、疑問を持つことが思考力を高めるきっか

けになることは明かです。例えば、ある言語ではAと言うけれども、別の言語ではBと言う。それがなぜなのかを考えることで思考力が高められます。その思考力は、人が新しい環境に遭遇したときの助けとなります。言語が画一化されてしまったら、このようなことも少なくなるでしょう。

5.3 経済財としての言語

　次に、上の(4)、(5)について考えてみましょう。経済を優先した人間の発展が絶滅や消滅の原因の一つになっているという意見です。これについて、井上史雄『経済言語学論考』[2011]に興味深いことが書かれているので、下に引用します。

- ・言語は長い間、水や空気のように、全員が平等に身に付けるものと思われていた。つまり、自由財だった。ところが、近頃は、どんな言語を使えるかで、お金の稼ぎ方が違う。言語は経済財になったのだ。(27頁)
- ・現代の世界では、諸言語の間に経済的価値の差があり、社会的不平等を生み出している。英語の圧倒的地位が典型である。海外旅行でのやりとりの有利さでは英語が一番だ。国際会議の発表・質疑も、英語が多い。経済交渉なども、今や英語が圧倒的である。(中略)ことばは本来、自由財だったが、ほんの一部の言語が経済財になったのだ。(30頁)
- ・危機言語は大言語の周辺部に分布する。危機言語はまた人口密度が少なく、一人当たりGDPの低い地域に分布する。経済効率の悪い地域なので、住民の一部はもっとGDPの高い地域に移動して高収入を得て豊かな暮らしを求める。移動先では人口密度はますます高まり、多言語社会が成立するが、多言語状況は経済効率からいうと不利であり、その地域の優勢な言語への言語シフトが起こる。こうして大言語は話者を増やし、少数言語、危機言語はますます話者を減らす。「規模の経済」は、言語にも強く働く。(43頁)

　言語の消滅に「経済的価値の差」が関係していることは、これまでも指摘され、みな、感じていたことですが、これを「自由財」から「経済財」への変

化と表現したのは、鋭い指摘です。動植物の絶滅だけでなく言語の消滅に
も「経済財」という概念が深く入り込んでいることを、私たちは深く認識し、
「経済効率からいうと不利」だからという理由で多くの言語を消滅させてい
いのか、ということを考えなければなりません。この問題は、言語にとど
まらず、現代社会の価値観にもつながっていく重要な問題です。

5.4 アイデンティティの象徴としての言語

　最後に、(6)を取りあげましょう。動植物の場合、絶滅危惧種が地域のア
イデンティティを見つめ直すことにつながるという話には、あまりぴんと
こない人が多いかもしれません（地域よっては、地域を象徴する動植物があるか
もしれませんが）。これに対し、言語の場合は、地域のアイデンティティを
見つめ直すことにつながると考えている人は多いと思います。

　言語によって人との絆を強める　石川啄木の歌に「ふるさとの訛なつか
し停車場の人ごみの中にそを聴きにゆく」（『一握の砂』）という歌があります。
ふるさとの訛によってアイデンティティ（自分がどこの誰か）を確認し、ふる
さとへの思いをはせるという歌です。東日本大震災のときには、仮設住宅
に移り住んだ人たちが集会で方言を使った紙芝居をしたり、地域の昔話を
方言で語ったりして、隣の人との絆を強めたという話があります。このよ
うに、ことばは、それを共有している人たちの間に連帯感や仲間意識を与
える力を持っています。

　諸刃の剣　しかし、注意しなければならないのは、この力は逆に、それ
を共有しない人を排除する力にもなるということです。よそから転校して
来た子どもが、ことばが違うという理由でクラスに溶け込めない、いじめ
られるというようなことがあります。人と人との距離を縮めるという特徴
は、外に対しては人と人とを隔てる特徴でもあるわけで、言ってみれば諸
刃の剣なのです。

　言語を守ることが地域の活性化につながる　言語が諸刃の剣であること
には注意をはらわなければなりませんが、多くの人が、言語が地域のアイ
デンティティを見つめ直すことにつながると考えていることは重要です。
ここに、言語をきっかけとして、地域を活性化する可能性が見えてきます。

文化財や芸能と違って、言語はだれもがもっています。学ぶこともできます(2.2でアイヌ語の学習者の話をしました)。また、地域の言語を見直すことには、それほどお金がかかりません。危機言語を守ることが地域活性化につながる、これからは、このような言語の活用のしかたがあると思います。

6　危機言語の記録・保存・継承

　ここまで、危機言語(地域のことば)をなぜ守らなければならないかを考えてきました。最後に、実際に地域のことばを守るために、具体的にどのようなことをすればよいのかについて簡単に述べておきます。それは、以下のようなことです。

　　①　危機の度合の測定
　　②　言語の記録
　　③　言語の継承

　危機の度合の測定　　これは現状の把握です。何事も、まずは現状を把握することが大切です。危機の度合いの測定方法は、2.3で述べたユネスコの9つの指標が世界的な基準になっていますので、これを使うのがいいと思います。指標の具体的な内容は、国立国語研究所[2011]の『平成22年度危機的な状況にある言語・方言の実態に関する調査研究事業報告書』や木部[2013]の『そうだったんだ！日本語　じゃっで方言なおもしとか』の第5章に書いてありますので、それを参考にしてください。危機の度合いを測定してみると、その地域のことばの強みと弱みが見えてきます。それによって、次に行うことを考えることができます。

　言語の記録　　ことばの記録を作成する作業です。ことばの記録は、「辞書」「文法書」「談話テキスト」(この3つを3点セットと言います)を作るのが基本です。この3つは、外国語を学習するときの基本資料でもあります。辞書」「文法書」「談話テキスト」というと難しいと思うかもしれませんが、そんなに難しく考える必要はありません。気が付いた単語を書き留めておけ

ば「辞書」になります。表4は宮崎県椎葉村鹿野遊という集落の方言集の例
です。このように、普段使う単語を方言に直すだけでいいのです。例文を
いっしょに記載しておけば、意味を理解するときの手助けとなります。ま
た、あとで「文法書」を作るときの助けにもなります。年配の人に例文を発
音してもらって、それを録音しておけば「談話テキスト」にもなります。こ
のようにして、少しずつ記録をためていけば、3点セットができ上がります。

表4　宮崎県椎葉村方言語彙集

あおい（青い）　アウォイ〜アウェー［形容詞］
　例：アンマリ　アウェーネー。（あんまり青いね。）
　　　アオー　ネア。（青くない。）
あおむけ（仰向け）　アオムケ〜オームケ［名詞］
　例：オームケー　ネチョルワネー。（仰向けに寝ているね。）
あか（垢）　コケ［名詞］
　例：コケガ　ウイチョル。（〈風呂に〉垢が浮いている。）
あかい（赤い）　アケア［形容詞］
　例：アケアトワ　イカン。（赤いのはだめだ〈要らない〉。）
　　　エリャー　アケアネー。（とても赤いね。）
あかちゃん（赤ちゃん）　アカゴ［名詞］
　例：アッカー　アカゴノ　ウマレタチュータイ。（あそこは赤ちゃんが生まれたそ
　　　うだ。）

　言語の継承　地域のことばを実際に使うということです。現在は年配の
人も地域のことばで会話をすることが少なくなってきました。その会話の
場所を増やすということです。まずは、一人の人が方言を使えば、周りの
人もそれにつられて方言を使うようになります。地域社会の中で、そのよ
うな場所が増えていけば、年齢を超えたコミュニケーションも増えていく
かもしれません。このことが、地域の活性化につながるのだと思います。

7 結びと課題

　以上、地域の言語を守る必要があるのかについて、いろいろな観点から見てきました。これを参考にして、次のことを考えてみましょう。

・自分の地域の言語の現状はどうか。言語の危機の度合を測定してみましょう。
・地域のことばの3点セットを作ってみましょう。
・地域の言語をどうやって守るかを考えてみましょう。
・地域の言語を守ることが地域文化の活性化にどうつながるのかを考えてみましょう。

参考文献
井上史雄［2011］『経済言語学論考 —— 言語・方言・敬語の値打ち ——』明治書院
環境省「なぜ、まもらなければいけないの？」
　　（https://www.env.go.jp/nature/kisho/hozen/naze.html）
木部暢子［2013］『そうだったんだ！日本語　じゃっで方言なおもしとか』岩波書店
木部暢子［2019］「「大阪弁は消滅危機言語」という意外な現実　方言が消えると、何が困るのか？」講談社現代ビジネス
　　（https://gendai.ismedia.jp/articles/-/67756）
国立国語研究所［2011］『平成22年度危機的な状況にある言語・方言の実態に関する調査研究事業報告書』
　　（https://www.bunka.go.jp/seisaku/kokugo_nihongo/kokugo_shisaku/kikigengo/jittaichosa/pdf/kikigengo_kenkyu.pdf）
国立国語研究所『アイヌ語口承文芸コーパス』
　　（https://ainu.ninjal.ac.jp/folklore/）
坂井美日［2018］「宮崎県椎葉村方言のいまむかし —— 静かに消えてゆく、私達のことば」『日本語学』37-7
琉球大学国際沖縄研究所［2014］『平成25年度危機的な状況にある言語・方言の実態に関する調査研究（八丈方言・国頭方言・沖縄方言・八重山方言）報告書』

（https://www.bunka.go.jp/seisaku/kokugo_nihongo/kokugo_shisaku/
kikigengo/jittaichosa/pdf/kikigengo_ryukyu_h26.pdf）

読書案内
木部暢子[2013]『そうだったんだ！日本語　じゃっで方言なおもしとか』岩
　　波書店
呉人惠（編）[2011]『日本の危機言語――言語・方言の多様性と独自性』北海
　　道大学出版会
宮岡伯人・崎山理（編）渡辺己・笹間史子（監訳）[2002]『消滅の危機に瀕した
　　世界の言語――ことばと文化の多様性を守るために』明石書店

第5章

学生が取り組む地域歴史遺産の保存と活用

添 田　仁

1 問題提起
2 地域歴史遺産とは何か
3 茨城史料ネットによる地域歴史遺産の保存と活用
4 地域歴史遺産の可能性
5 「学び」の場としての茨城史料ネット
6 結び

1　問題提起

　元来、人々は地縁に基づいた人間関係のなかで生活してきました。地縁
的なつながり無しには生活することは難しかったと言ってもよいでしょう。
しかし近年、生活様式の変化に伴って地域社会での相互扶助や共同作業の
場面も減り、人々が地縁的なつながりのなかで生活する意味も相対的に薄
れつつあるように思われます。また、都市部への人口流出により、農村部
の過疎化や高齢化が進み、コミュニティを維持すること自体が難しくなっ
ているところもあります。

　人々が自らの生活を成り立たせるために築いていた地縁的なコミュニ
ティを、本章では「地域」と呼びます。地域の範囲は必ずしも固定的ではあ
りません。時代はもちろん、人々がつながる目的に応じて、その範囲は
変化します。江戸時代で言えば、たとえば村組(講中、地下、垣外)、村、郷、
組合村、郡といったように、色々な目的で生まれた大小様々な地域が重層

93

的に広がっていたのが実状でしょう。

　多彩な地域の存在が、列島社会の多様性を生み出しています。地域の個性を生む一つの要素が歴史文化です。地域の住民の営みは、歴史的に積み重ねられていくことで洗練され、各地に定着していきました。地域の歴史文化を伝える媒体はいろいろですが、たとえばお祭りなどの民俗行事、古城や寺社などの史跡や建築物、神仏の像、古文書のような文化財にも、その特徴は刻まれているでしょう。

　近年は「限界集落」といって、地域がまるごと消滅する事例も珍しくなくなりました。一つの地域の消滅は、列島社会における地域の個性が一つ失われてしまうことと同義です。極論かもしれませんが、このままの状況が続けば、日本のどの場所を切り取っても似たような生活風景と歴史文化しか見ることができない、まるで金太郎アメのような社会にもなりかねません。はたして、このままで良いのでしょうか。

　このような現状を憂い、地域の歴史文化を守り、継承することを目指した活動に、ボランティアで取り組んできた若者たちがいます。本章では、彼らの取り組みを素材に、消えゆく地域の歴史文化を守るためには何をすればよいのか、また行政による対応が限界を迎えているなかで、一般の市民や若い世代の人々にできることは何なのか、といったことを考えてみたいと思います。キーワードは「地域歴史遺産」です。

2　地域歴史遺産とは何か

2.1 東日本大震災の津波に耐えた土蔵と古文書

　本間家の土蔵　宮城県石巻市門脇町は、2011年3月に発生した東日本大震災の津波によって街並みの大半が流されてしまうほど、大きな被害が出た地域です。同町には、かつて東北有数の醸造家であった武山商店（本間家）がありましたが、その建物も津波で大きな被害を受け、わずかに土蔵一棟を残すのみとなってしまいました。

　しかし、その土蔵のなかには、門脇の歴史を物語る古文書が収められていました。江戸時代から明治時代にかけて、門脇で暮らした人々がどのよ

図5.1　修復中の本間家土蔵（石巻市）（2015年8月9日　筆者撮影）

うな生活をしてきたのかということを読み取ることができる記録です。門
脇では、多くの住民が亡くなったり、故郷を離れてしまったりして、被
災する前の景観も分からなくなってしまうほどでした。そのようななかで、
本間家の土蔵に収められた古文書は、地域の歩みや風景を復元しうる貴重
な記録になる可能性を秘めていたのです。そこで、現地の宮城資料ネット
（NPO法人宮城歴史資料保全ネットワーク）という団体が、本間家の土蔵に収め
られていた古文書などをレスキューし、現在も東北歴史博物館で保管して
います。

　一方、本間家の土蔵も保存されることになりました。この土蔵は、震災
以前からこの土地に建ち、津波でも倒れませんでした。津波の経験を伝え
る震災モニュメントであるとともに、津波に耐えたという意味において、
門脇に根を張って生きていく人々の復興の象徴として位置づけられたので
しょう（図5.1）。

地域社会の「アルバム」としての土蔵と古文書　歴史学を学んでいると、土蔵は「歴史的建造物」、古文書は「文化財」や「歴史資料」といったように、どこか無機質な言葉で説明してしまいます。しかし、門脇の人々にとって、これでは本間家の土蔵や古文書を表現する言葉としては物足りないのではないでしょうか。

　地域史料保全有志の会の代表を務める白水 智 氏の言葉を借りるならば、門脇という地域の「アルバム」とでも呼ぶべきでしょう。アルバムは、家族や恋人と一緒に眺めていると、懐かしくなって、元気をもらえるものです。いつも気になるわけではないのですが、これが見られなくなってしまうと何か心細い、心に穴があいたような気持ちになりませんか。本間家の土蔵や古文書は、門脇という地域に暮らした人々が形作っていた社会の「アルバム」と呼ぶことができるのではないでしょうか。

2.2 価値が変化する文化財

　指定文化財という「お墨付き」　本間家の土蔵や古文書が教えてくれたことの一つに「文化財の価値は変化する」ということがあります。文化財というと、一般的には指定文化財をイメージされる方が多いでしょう。指定文化財とは、国・県・市町村などの自治体が「この文化財は大事です」という価値を示した文化財のことで、国宝や重要文化財などはその代表的なものです。

　「お墨付き」のない文化財　これに対して本間家の土蔵や古文書は、門脇の歴史が深く刻まれており、住民の間で大切に受け継がれてきたものですが、とはいえ自治体から価値の「お墨付き」がもらえているわけではありませんでした。しかし、東日本大震災という未曾有の災害を経て、門脇の人々にとってかけがえのない土蔵と古文書になったことは前述の通りです。仮に、震災後の門脇へ国宝の仏像などを持ってきたところで、失われた地域の歴史文化を取り戻すことはできませんし、復興に向かって進む人々の力になるとも考えられません。本間家の土蔵や古文書は、被災地の歴史や文化を取り戻したい、そして震災を記憶するモニュメントを残したいという人々の営為が加わって、国宝や重要文化財とは異なる次元で、重要な、

唯一無二の存在に「なった」のです。

　本間家の土蔵や古文書が示すように、実は、地域で人々が生み出した様々なかたちの記録すべてが、その地域にとって固有の意味を持つ文化財となる可能性を持っています。世界遺産、国宝のような指定文化財、有名人の書いたもの、高価な骨董など、お客を集められるものだけが大事というわけではありません。たとえ国や地方自治体から「お墨付き」をもらっていなくとも、また高額な値札がついていなくとも、地域にとってかけがえのない価値を有する文化財が存在することを知ってもらいたいと思います。

2.3 地域歴史遺産という考え方

　想像力が地域歴史遺産を生む　本章では、本間家の土蔵や古文書のように、自治体の「お墨付き」がもらえているわけではないものの、地域や個人の記憶・教訓を後世に残そうとする人々の営為によって、地域のなかで受け継がれ、その価値を高めてきた有形・無形の記録物のことを「地域歴史遺産」と呼びます。

　これは、文化財の価値を先天的に「ある」ものとして固定的に捉えるのではなく、人々がそこに意味や価値を見出すことによって、かけがえのないものに「なる」可能性を重視する考え方です。何に対して意味や価値を見出すかということは、人によって、あるいは文脈によって異なるのであって、その保存・継承に携わる者には、多様な対象に対する、多様な価値観の存在を理解できる想像力が求められます。

　あらゆるものが地域歴史遺産　地域歴史遺産の対極にあるのは、世界遺産です。世界遺産は、世界に一つしかない非常に貴重なものですが、地域歴史遺産はそうではありません。全国を見ても蔵や古文書などはどこにでもあります。しかし、震災後の門脇の人々を励ますことができる土蔵、門脇の歴史を語る古文書は、この本間家の土蔵と古文書以外に存在しないのです。

　そのように考えると、地域歴史遺産と呼びうるものは、私たちの周りにも無数に存在することがわかります。比較的イメージしやすい前近代の古文書や考古遺物、歴史的な建造物などの他にも、近代以降に書かれたもの

や印刷物、農具や衣類などの生活用具も該当するでしょう。さらに言えば、棚田や用水路といった歴史的な景観、戦争体験などの証言、お祭りや儀礼などの民俗的な行事のように、ごく最近のものまで含めて、有形・無形のありとあらゆるものが地域歴史遺産となりうるのです。

2.4 危機に瀕している地域歴史遺産

　村(大字)の役割　地域歴史遺産は、どのようにして保存されているのでしょうか。ここでは、江戸時代の村の古文書に注目して見てみましょう。

　江戸時代は村請制の時代です。村請制とは、年貢や人夫役などを百姓個人が領主に対して直接納めるのではなく、村という社会集団が請け負う制度のことです。そのような役割を果たすためには、領主や村内外との利害の調整が必要ですが、そのような役目をはたしたのが、村の代表者であり、領主支配の末端でもあった名主や庄屋などの村役人でした。それゆえに、村役人を務めた家では村の運営にかかわる記録が多く作られ、村の古文書として保存されたのです。

　近代になると名主や庄屋といった役職は無くなりました。しかし、村の古文書は、そのまま村役人の家で大切に保存されていることが多くありました。これは、近代以降も江戸時代の村の枠組みが、依然として人々にとって重要な意味を持っていたからです。江戸時代の村は、現在、大字という単位のエリアに重なる場合が多いですが、大字単位で行われるお祭りや山・川の手入れなどは、村の時代の共同作業のなごりでしょう。

　村の崩壊　しかし、高度経済成長期以降、都市部への人口流出や生活様式の変化によって、江戸時代の村の枠組みの役割は後退していきました。冒頭でも述べたように、近年では過疎化と高齢化も相まって、大字ごと消滅した「限界集落」と呼ばれる地域も生まれるほどです。

　そのようななかで、村役人の家に保存されていた古文書がその存在自体を忘れられ、家の建て替えや引っ越し、代替わりなどに際して捨てられたり、売りに出されたりするケースが多く見られています。かつての村という地域の公的な記録が、民間(もともと村役人を務めた家)で保存されているがゆえに、行政はノータッチのまま、いつのまにか個人の意向で処分される

というケースもあります。古文書だけではありません。古い生活用具やお祭り、歴史的景観など、地域の歴史文化の証しであるはずの地域歴史遺産を、地域として保存・継承していくことが難しい状況に陥っている場合が多いのです。そして、苦境に立たされた地域歴史遺産に追い打ちをかけているのが自然災害です。

3　茨城史料ネットによる地域歴史遺産の保全と活用

3.1　茨城史料ネットとは何か

　学生ボランティア組織としての茨城史料ネット　東日本大震災では、茨城県も甚大な被害を受けました。岩手・宮城・福島のいわゆる被災三県ほどは知られていませんが、県内各所で震度六強を記録し、建物の損壊はもちろん、沿岸部は津波被害にも見舞われました。指定文化財の被害も甚大で、国指定等文化財の物的被害は全国で最も多い182件でした。弘道館や六角堂といった有名な史跡も破壊されてしまいました。

　地域歴史遺産の散逸も危惧されました。しかし、自治体の文化財担当者の大半はライフラインの復旧と被災者の生活再建に追われ、地域歴史遺産にまで単独で対応できた事例はほとんどなかったのが実状でしょう。これに加えて、市町村の連絡会議である茨城県市町村史料保存活用連絡協議会が、2009年に会員市町村の減少を理由に解散していて、県内各地の動向を集約する行政のスキームさえ失われていたのです。

　2011年7月2日、茨城史料ネット（茨城文化財・歴史資料救済・保全ネットワーク）は、茨城大学の高橋 修氏を代表とする茨城大学中世史研究会が母胎となり、震災で被災した地域歴史遺産を救済するボランティア組織として発足しました。茨城県及び市町村の文化財担当者、博物館等の学芸員、研究者、郷土史団体、そして歴史学を学ぶ学生たちが結集し、専門分野や立場を越えて手を取り合い、地域歴史遺産の救済にあたるための一応の態勢が整えられたのです。

　大学、地域、全国との連携　事務局は、茨城大学で歴史学を学ぶ大学院生や学部生が担い、被災情報の集約や自治体と連携した活動を主導しまし

た。ただ、初期の活動は全国的な支援無しには実施できませんでした。資金は有志からの寄付、全国の資料保存ネットからの送金、そして関係教員の研究費に頼りました。神戸の史料ネットや新潟史料ネットからは備品の提供も受けています。一時保管場所は、茨城大学や廃校の空き教室を借りました。救い出したものの修理や目録の作成には、歴史資料継承機構、東洋美術学校、東北大学災害科学国際研究所といった専門家の指導協力も不可欠でした。

3.2 東日本大震災への対応

レスキュー活動の広がり　茨城史料ネットの活動場所は、鹿嶋・常陸太田・大洗・常陸大宮・筑西・水戸・北茨城・ひたちなかの県内市町にとどまらず、福島県いわき市、栃木県茂木町などの隣県にも及びました。福島県双葉町では、原子力災害の被災地(帰還困難区域)に置き去りにされたもの(表面計測値650cpm以下)も救出しました。

　救済の対象は、古文書だけではなく、仏像、仏画、考古遺物、民具、古写真など多様です。地震で損壊した個人宅や土蔵からの取り出しが多いですが、鹿嶋市・大洗町では津波で水損したものにも対応しました。

茨城史料ネットの作業サイクル　茨城史料ネットの活動は、以下の4つの作業をワンサイクルで進めています。

①被災した地域歴史遺産のレスキュー
②破損した箇所の補修とクリーニング
③目録の作成とデジタル化
④所蔵者(地域住民)への返却と研究成果の還元

　まず、①地震で傾いた土蔵が倒壊する前に、中に収められたものを運び出します。運び出したものは梱包し、安全な場所に避難させます。いわゆる「蔵出し」という作業です。ただ、やみくもに運び出すわけではありません。土蔵のどこに、何が、どのような状態で収められていたのか、後々土蔵のなかを復元できるくらい正確に記録を取りながら進めなければなりま

図5.2　古文書を整理する学生たち（茨城大学）（2015年5月13日　筆者撮影）

せん。歴史学では、古文書に記された内容はもちろんですが、古文書それ自体のメタデータも重要なのです。

　次に、②救い出したものの傷みを補修し、劣化を食いとめます。ほこりや汚れを落としたり、水に濡れたものであれば水洗いをしたり、エタノールでカビの広がりを抑えたりもします。

　続いて、③一つ一つに番号をつけて、それぞれの年代や形状、そして内容などを調べてリスト（目録）を作り、写真を撮って記録します（図5.2）。茨城史料ネットは、レスキューしたものを自分たちの所有物にするわけではありません。最終的には地元にお返しして保存をお願いします。その際、地元の皆様が自身で何を保存しているのかを理解しておいてもらうためにも不可欠の作業です。ただ、簡単ではありません。たとえば、古文書のリストを作ろうと思えば、江戸時代のくずし字が読めなければなりません。

　最後に④返却と活用です。被災した地域歴史遺産は、被災地の歴史や文化を豊かにする素材として、その可能性を大いに示してくれました。伊達政宗の密書のように著名人の歴史に関わるものは珍しいですが、たとえば、那珂湊（ひたちなか市）を描いた最古の絵図と思しき「那珂湊略図」や近代茨城

のジャーナリズムの先駆者である長久保紅堂の書簡群のように、一般的には知られていないものの、地域の歩みを語る際に不可欠なものも見出されています。茨城史料ネットでは、そのような研究成果を報告会・展示会で公表しましたが、そのたびに多くの参加者を得て、住民の関心と期待の高さに驚かされました。

3.3 大規模水害への対応

水損資料のレスキュー　2015年9月、関東・東北豪雨によって鬼怒川が筑西・結城・下妻・常総市の七ヵ所で溢水。とくに常総市では堤防が200メートルにわたって決壊し、市の東部を中心に大規模な洪水に見舞われました。

茨城史料ネットは、洪水で水損した古文書や美術品の救済に着手することになりました。まずは、茨城県立歴史館、茨城地方史研究会、さらに近隣の資料保存ネットの協力を得て、浸水被害の大きかった場所を中心に巡回調査を行いました。調査では、何より地域歴史遺産の所在情報の精査と共有ができていないことを痛感した次第です。私たちは、1970年代の自治体史編纂事業で作られた古文書の所蔵者リストを持って現地を歩いたのですが、所蔵者の住所が空き地になっていたり、家族でさえも存在や価値を認識していなかったりするケースが多く見られました。所蔵者のなかには、自治体名が記された茶封筒に入った古文書は被災後も大切に保管していた一方で、納屋の簟笥に収めていた古文書や美術品は早々に廃棄した方もいました。

常総市三坂新田でのこと　現地では、水損して異臭を放つ古文書や美術品の取り出しも行いました。そのうちの一つ、常総市三坂新田のI家というお宅の話です。

巡回調査の最終日、私たちはゴミ捨て場に置かれた一つの簟笥を見て驚きました(図5.3)。掛け軸や古文書がびっしり収められていたのです。所蔵者と思しきお宅を訪ねて事情を聞くと、洪水で水を吸って引き出しが開かなくなり、清掃ボランティアの方々にお願いして運び出してもらったとのことでした。

図5.3　道端に廃棄された箪笥（常総市）（2015年9月20日　筆者撮影）

　所蔵者宅の庭で水を借り、一点一点を水洗いしました。古いものの多く
は、水に浸かるとすぐにカビやバクテリアが繁殖します。そうすると強烈
な臭いがするのです。これを落とすために水道水で水洗いしたのです。

　しかし、水洗いをしたところで、腐敗が進む古文書を迅速に整理でき
る設備も、持続的に取り組める「体力」も、当時の茨城史料ネットは持って
いませんでした。対応に悩んだあげく、ワラにもすがる思いで電話したの
が、当時、東北大学災害科学国際研究所（以下、災害研）におられた天野真志
氏でした。災害研は、東日本大震災後に作られた最先端の災害研究機関で
す。理系の研究者が中心ですが、古文書などの歴史資料を保存・活用して、
過去に起こった災害の復元研究を進めている部門もあるのです。

　天野氏は私の依頼を快く受け入れてくれました。災害研では、まずI家
の古文書を大きな冷蔵庫に入れて冷凍保存し、カビやバクテリアの繁殖を
抑制しました。その後、真空凍結乾燥機で乾燥させたものを、臭いを取る
ためにもう一度水洗いするという作業の道筋を示していただきました。冊
子体のものを一度バラバラに解体してから水洗いし、自然乾燥させてから、
もう一度復元するのです（図5.4）。I家文書の整理作業は、茨城大学の学生

図5.4　古文書を洗う学生たち（茨城大学）（2016年8月25日　筆者撮影）

はもちろん、学芸員や市民のみなさん、高校生たちの力も借りながら、い
までも茨城大学で続けています。

　関東・東北豪雨による洪水への対応は、茨城県教育庁、常総市の教育委
員会や総務課とも連携しながら、外部の専門機関やボランティアの支援を
得て進めることができました。また、東日本大震災の経験を経て開発され
た歴史資料の保存技術も活かされました。東日本大震災以降、長い時間を
かけて積み重ねてきた信頼・協力関係、そして資料保存の技術によって実
現した活動だったと言えるでしょう。

4　地域歴史遺産の可能性

4.1 水とともに生きてきた地域の景観

　古文書から過去の地形を復元する　被災した地域歴史遺産からは、地域
のかつての風景を復元することもできます。上記I家の古文書のうち一枚
の願書を紹介しましょう。

　宝暦7年(1757)5月、下総国豊田郡三坂新田村（常総市三坂新田）の人々は、

図5.5　「惣囲堤」の一部と思しき土手（常総市）（2018年6月19日　筆者撮影）

おとなりの三坂村を相手取って、江戸の勘定奉行に訴え出ました。その理由について、古文書には「当五月中に洪水が起こり、堤防を越えて、11ヶ所も破堤してしまった。破堤した部分は約100mにも及んだ」とあり、「田畑一帯が水に浸かり、家屋敷まで浸水した」とまで書かれています。約250年前にも、関東・東北豪雨の洪水と同じようなことが起こっていたのです。この壊れた堤の修復を巡って、三坂新田村と三坂村が争いました。

　古文書を作成したのは三坂新田村の村役人たちです。もちろんI家当主のご先祖様も名を連ねています。願書には、当時の三坂新田村付近の景観が描かれています。注目すべきは、「三坂新田村は、周辺の田畑よりも約1.2〜1.5mほど低い」と記されていることです。続けて読むと、同村は「まわりを堤で囲われた村である」とあります。それは「惣囲堤」と呼ばれており、高さ1.5m、馬踏は1.8m、そして長さ3kmにもなるというのです。まわりの田んぼより低い場所にある集落を巨大な堤が取り囲んでいた、かつての三坂新田村の景観が部分的ながら甦りました。

　この「惣囲堤」と思しき構造物が現地に残されていました（図5.5）。全体が残されているわけではないですが、高さや馬踏は、ほぼ古文書に記されて

いる通りです。堤というよりは、土盛りして作った土手のようなものです。

　　低地に暮らす知恵　　この土手には興味深い点が二つあります。一つは、わずか高さ1.5m程度の土手であるという点です。はたして、これで、氾濫した水の侵入を防ぐことができるのでしょうか。

　　結論を言えば、当時、三坂新田付近の低地に暮らした百姓たちは、鬼怒川・小貝川や八間堀川・百間堀川といった隣接する人工水路の氾濫を、ある程度想定しながら生活していたと考えています。現在の常総市域は、近世から有数の米どころとして知られていますが、この米作に適した肥沃な土と水をもたらしたのが、鬼怒川や小貝川の氾濫であったと言われています。もちろん土砂が濁流に乗って耕地や屋敷地に流入すれば被害は甚大ですが、砂礫を含まない泥水がゆっくりと田畑に広がることは、むしろ「客土」として喜ばれたでしょう。

　　近世社会において河川の氾濫は、ときに「恵みの水」でもあり、現代の感覚のみで水害・洪水と言い切ることはできません。そのような視点で「惣囲堤」を眺めてみると、1.5mという中途半端な高さにも納得がいきます。すなわち、これは氾濫した水の田畑への侵入を完全に防ぐことを目的としたものではなく、押し寄せる水の勢いを弱め、砂礫が沈んだあとの泥水の上澄み部分のみを田畑に取り入れることを見越したしくみだったのではないでしょうか。

　　復興のための植林　　もう一つの興味深い点は、土手に植わっている植物です。周囲の植生とは異なるものが多く、とくにマツとクヌギが多いことは特徴的です。

　　なぜ、マツとクヌギが植えられているのでしょうか。地元の方に聞くと、マツは油分を多く含んでいることもあり、燃料はもちろん、道路や土手を築く際の木材として使いやすいとのことでした。また、クヌギについても良質の燃料となるだけでなく、年中実をつけて食料としても重宝する植物のようです。これらの植物は、災害時に必要な食料や燃料、そして復旧時に利用する建材を確保するために植えられたもの、と考えるのは想像が過ぎるでしょうか。

　　以上のように、洪水で被災した古文書を通して、鬼怒川・小貝川という

大きな河川に隣接した地域で暮らした人々が歴史的に積み上げてきた生活の知恵、つまり水と付き合いながらうまく暮らしていくための工夫がちりばめられた景観が浮かび上がってきたのです。最近、地質学や農学の研究者と一緒に「堤プロジェクト」なるものを立ち上げて、「惣囲堤」の多角的な分析を始めました。成果を地元の方々にお伝えし、自身が暮らしている地域の歴史を知り、水とともに暮らすために必要な防災意識を持ってもらう機会を作ることができれば、と考えています。

4.2 曝涼というモデル

　地域歴史遺産の保存・活用のイベント　地域歴史遺産を保存し、後世に継承していくためには、地元の住民も巻き込んだ取り組みが必要です。ここで一つのモデルとして紹介したいのは、茨城史料ネットが自治体と協力して進めている集中曝涼（ばくりょう）です。

　曝涼とは、普段は寺や蔵のなかに安置されている仏像や古文書などを、夏または秋の天気の良い乾燥した日を選んで陰干しし、風を通してカビや虫を防ぐとともに、保存状態を確認することです。博物館などでは密閉した部屋に文化財を入れて薬剤等で虫やカビを殺しますが、これにはお金がかかります。それに比べて曝涼は、天気や人手には左右されますが、非常にローコストかつエコな文化財保存の取り組みと言えるでしょう。また、これを所蔵者が公開した場合には、普段は見られない地元の「宝」を現地で見ることができる貴重な機会にもなります。曝涼は、伝統的な手法を用いた、地域歴史遺産の保存、そして活用のイベントなのです。

　茨城県常陸太田市の集中曝涼　茨城県常陸太田市で行われている集中曝涼、またの名を「仏像・古文書フェス」を紹介しましょう。これは市内の寺、神社、土蔵などに収められている仏像や古文書などの指定文化財を、10月の週末2日間だけ一斉に曝涼し、そこに観光客を呼ぶというイベントです。公開場所には出店が並び、所蔵者や住民による様々な接待が用意されます。地元を描いた古絵図を前に親子三代が思い出話に花を咲かせる様子も見られるなど、そこはまず住民が世代を越えて地元の歴史を学び、地域の歴史文化に思いをはせる場になります。また、観光バスを利用して訪れ

図5.6　集中曝涼で解説する学生（常陸太田市）（2013年10月　筆者撮影）

る旅行者も増えており、住民が自分たちの地域と宝物の魅力をアピールし、広く知ってもらえる機会でもあるのです。

　公開場所では、茨城大学、常磐大学、水戸第一高等学校の学生が文化財の解説ボランティアとして活躍します。一般に「インタープリター」と呼ばれる役割で、地域の「宝」と市民の人たちとの間を仲介する役割を担ってもらっています。たどたどしくも一生懸命に説明する姿は、なかなかの評判です（図5.6）。

　インタープリターの役割　解説するにあたって、学生たちには予め調べた内容を、来場者に対して効果的に伝える努力と工夫が求められます。学生のなかには博物館学芸員を目指す者も多く、地域の文化財の保存・活用の方法について実践的に学べる場になります。

　一方、所蔵者と地元住民にとっては、いわゆる「よそ者」である学生の解説を聞くことで、自分たちの「宝」の価値を客観的に理解する機会となります。また、地元で文化財を守り伝える営みの価値を、一時的にでも若い世代と共有することが、「宝」とともに暮らす「息苦しさ」を多少和らげる効果もあるように聞きます。

　地域の文化財の保存に責任を持つのは、自治体や教育委員会の担当者でしょう。しかし、近年、予算や人員の削減もあって担当者の実質的な業務負担が増大し、さらに業務内容の制約も厳しくなるなかで、行政に頼るだけでは事態が改善しないことも明らかです。集中曝涼は、行政と住民、そして「よそ者」の学生ボランティアが三位一体となり、地元の「宝」を地域アピールに活用し、一方で、所蔵者の苦労にも寄り添いながら、それを地域主体で保存していくことの意味を共有できる取り組みとして、有効なモデルの一つと言えるのではないでしょうか。

5　「学び」の場としての茨城史料ネット

5.1「ボラ・スタディ」の取り組み

　「学び」が支えるボランティア　前述したように、茨城史料ネットの主力は学生のボランティアです。活動の大部分は、茨城大学で歴史学を学ぶ大学院生・学部生が担っています。活動回数も定例の整理作業だけで264回を数え、メール会員は473名になりました（2021年12月末現在）。

　では、ボランティアの学生を茨城史料ネットに繋ぎとめているのは、何なのでしょうか。それは、「学び」だと考えています。

　地域歴史遺産を保存・活用しうるのは専門家だけではありません。むしろ専門家に協力を仰ぐ部分までのところで膨大な作業が必要になります。活動に参加した学生たちは、自治体の担当者や所蔵者との折衝、現状記録と取り出し、一時保管場所での管理、クリーニングや概要の調査を担い、さらに整理完了後は、展示会・報告会を準備してきました。

　それは、地域歴史遺産の保存・活用に必要な様々な手順を、被災地の現場で実践的に学ぶ機会でもあります。加えて、地域歴史遺産の置かれた現状を知り、所蔵者や自治体の担当者の立場を理解しつつ、地域社会の課題と解決方法について考える、まるで学芸員のインターンシップのような場と言えるでしょう。実際、活動を通して経験を積み、学芸員や自治体の文化財担当職員として県内外で活躍している者も多くいます。

　一般的に、ボランティアには、自主性、無償性、公共性という三原則で

定義づけられますが、茨城史料ネットで活躍している学生ボランティアの場合は、主体性、非営利性、自己実現性が特徴になるでしょう。私は、これを「ボラ・スタディ」の取り組みと呼んでいます。

5.2 学生たちが感じたこと

茨城史料ネットの学生たちは、活動のなかでどのようなことを感じていたのでしょうか。2014年7月4日、学生に対して行ったインタビューへの回答から一部を紹介します。

・古文書ってこんな風にして伝えられてきているというのが、一番驚いたところです。イメージでは博物館にあるとか、所蔵者のお宅で大事にしているものだというイメージがあったのですけど、実際は、意外と粗雑に扱われていて、捨てる、捨てないといった話になるものということに驚きました。

・展示とかやるじゃないですか。(中略)見に来てくれた人が聞いてくれて、感心してくれて(中略)楽しい話が出来て、そこで自分たちが整理しているだけだった資料について、何か地域の人に意味を持たせられたのかな、と。

・ボランティアがある社会っていうのは本来恥ずかしい社会である、という指摘があります。本当はこういうこと(歴史資料の保存－筆者注)は行政がやって、地域住民の意識が高ければ、史料ネットという組織がなかったとしても、守って伝えられていくってわけです。でも、実際そうではなくて、活動することによって救われる、発見されて語られる地域の歴史がある。今これをやらないと、その地域の歴史がなかったことになって、歴史の空白みたいになってしまいます。昔のことは分かんないとなったら、どんな評価もできちゃうじゃないですか。

5.3 地域歴史遺産を守り、継承する人のすそ野を広げたい

地域全体で地域歴史遺産の継承を　文化財保護法が規定する本来の文化財とは、指定などの措置の有無に関係なく、人々の生活の理解のために必

110

要なすべての文化的所産を指します。

2004年には、内閣府の「災害から文化遺産と地域をまもる検討委員会」が、災害から守るべき「文化遺産」として「法律で規定されている文化財だけでなく、広い意味で歴史的な景観やまちなみ等空間的なものを含めるもの」、「世界遺産、国宝、重要文化財等の指定されたものだけでなく、未指定の文化遺産も含め地域の核となるようなもの」と示しました。また、2019年に施行された改正文化財保護法においても、これまで価値づけが明確でなかった地域歴史遺産のような未指定の文化財をまちづくりに活かしつつ、地域全体で、その継承に努めていくという指針が明確に示されました。文化財を幅広く捉え、後世に継承していくことの重要性について認識が深まりつつあると言えるでしょう。

ところが、これまで述べてきたように、地域歴史遺産を取り巻く環境は整っているとは言えません。地域歴史遺産は、生活様式の変化やコミュニティの弱体化によって日常的に失われていることに加えて、近年頻発している自然災害によって大量に破壊されているのです。すでに行政に頼るだけでは、地域歴史遺産が物語る地域の歴史文化を持続的に保存し、後世に継承していくことは難しいと言わざるを得ない状況です。

地域歴史遺産の救急救命士　尼崎市立歴史博物館の河野未央氏は、地域歴史遺産の保存のために、いわゆる「救急救命士」を増やすことが重要であると述べています。救急救命士は医者ではないですが、負傷者のすぐ近くにいて、何かあれば応急的な措置を施すことで命を救うことができる存在です。専門家の数は限られています。何でも専門家に任せるのではなくて、まずは学生や一般の市民であっても活動に携わることができるのだという認識を持ってもらう必要があるでしょう。

茨城史料ネットにとって、地域歴史遺産の保存・活用のボランティアを経験して卒業していった学生たちは、まさに「希望の光」です。たとえ歴史や文化に直接関わる職業に就いていなくとも、地域歴史遺産の重要性と継承の難しさを理解できる人間が地域に一人でもいてくれたら——。茨城史料ネットのような「人を育てる」取り組みが、一つでも多くの地域歴史遺産を守り、地域の歴史文化が途絶えないようにするための近道になると考えています。

6 結び

　地域の歴史文化をめぐる日本社会の現状と課題をふまえ、学生たちが取り組む地域歴史遺産の保存と活用の実践について紹介してきました。以上のことを参考にして、次のことを考えてみましょう。

①自分の身の周りや故郷で、地域歴史遺産と呼べるものにはどのようなものがありますか。また、現状はどうなっていますか。
②地域の歴史文化を守り、継承する必要はあるでしょうか。
③地域歴史遺産として、どのようなものを残せばよいのでしょうか。
④地域歴史遺産をどのように活用すれば、地域の歩みを持続させることにつながるでしょうか。
⑤地域歴史遺産を守り、継承していくために、若い世代にできることはどのようなことでしょうか。

参考文献
市沢哲［2015］「歴史資料をめぐる「よそ者」と「当事者」——専門家的知性と市民的知性——」『過去を伝える、今を遺す』山川出版社
奥村弘［2012］『大震災と歴史資料保存』吉川弘文館
奥村弘（編）［2014］『歴史文化を大災害から守る』東京大学出版会
奥村弘・村井良介・木村修二（編）［2018］『地域歴史遺産と現代社会』神戸大学出版会
神戸大学大学院人文学研究科地域連携センター（編）［2013］『「地域歴史遺産」の可能性』岩田書院
佐藤敏宏［2013］「石巻本間家土蔵の修繕工事の監理の現状」『宮城資料ネットネットニュース』204
　　http://miyagi-shiryounet.org/news204/　最終アクセス 2021 年 10 月 27 日
佐藤敏宏「石巻本間家 土蔵修繕工事について」
　　http://www.hanadataz.jp/k/001/00/honma00.htm　最終アクセス 2021 年 10 月 27 日
白井哲哉［2019］『災害アーカイブ』東京堂出版
白水智［2015］『古文書がいかに歴史を描くのか-フィールドワークがつなぐ

過去と未来』NHK出版

添田仁・安田千明［2016］「学生ボランティアの歴史遺産保存」『九州国立博物館の取り組み』九州国立博物館

添田仁［2016］「関東・東北豪雨の水損文書に刻まれた治水の景観」『利根川文化研究』40

添田仁［2020］「茨城県下の地域資料の保存をめぐる現状と課題」『地方史研究』407

高橋修［2017］「史料保存から歴史教育、歴史研究へ」『第4次現代歴史学の成果と課題3 歴史実践の現在』績文堂出版

冨善一敏［2017］『近世村方文書の管理と筆耕』校倉書房

松下正和・河野未央（編）［2009］『水損資料を救う』岩田書院

渡辺浩一［2017］「「地方消滅」論と民間アーカイブズ」『社会変容と民間アーカイブズ』勉誠出版

読書案内

国立歴史民俗博物館（編）［2012］『被災地の博物館に聞く――東日本大震災と歴史・文化資料』吉川弘文館

白洲正子［1991］（初版1971）『かくれ里』講談社

松岡資明［2011］『アーカイブズが社会を変える――公文書管理法と情報革命』平凡社

第6章

自然資本を活かした地域の可能性

中静　透

1　問題提起

　2011年3月に起こった東日本大震災は、地震とその後に沿岸域を襲った津波によって大きな被害をもたらしました。被害を受けた地域の多くは、地域の自然や生態系に強く依存した産業を基盤としていました。また、震災以前から過疎化や地域の衰退などが進行していた地域でしたが、震災によってそれが加速された面があります。その復興にあたっては、産業面だけでなく文化面も含め、地域の生態系がもたらす恵み(生態系サービス)とそれを産みだす自然資本の重要性が浮き彫りとなりました。しかし、こうした問題は、被災地だけでなく、人口の減少や都市集中が進む現代では、さまざまな地域に共通する問題でもあるのです。

　この講義では、自然資本と生態系サービスと地域の産業や文化、さらには地域のレジリエンスに対する、これらの重要性について考えます。

2 自然資本と生態系サービス

2.1 自然資本とは

　自然資本の概念　自然資本とは、経済学の資本(生産の原資・手段)の概念を自然に対して拡張したもので、鉱物や化石燃料はもちろんですが、太陽光や水資源、生態系がもたらす商品やサービス(生態系サービス)などの源となるストックです。鉱物や化石燃料は資源量に限り(枯渇性)があり再生もできないのですが、太陽光や水は自然のプロセスの中でほぼ枯渇せず再生可能です。これに対して、生態系サービスなどの生物に関係する資源は、収穫してもまた繁殖したり成長したりすることで再生可能ではあるものの、利用の仕方によっては枯渇してしまいます(図6.1)。

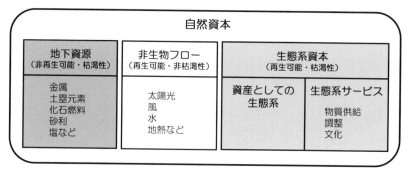

図6.1　自然資本の分類(Russi and ten Brink[2013]を一部改変)

　資源の持続性　人間の経済活動は、この自然資本が産みだす資源を商品化したりサービスとして提供したりすることで成り立っています。しかし、現代の経済や社会はその大きな部分を鉱物や化石燃料など非再生可能で枯渇性の資源に頼っており、どのくらい先の未来になるかはわからないけれども、いつかは枯渇します。一方では、こうした資源の大量消費によって、大気や海洋の汚染、温暖化など、さまざまな環境問題を引き起こしているという側面もあります。持続可能な利用という視点に立つと、こうした非再生・枯渇性の資源ではなく、再生可能な資源の有効な利用が重要性になるわけです。とくに、生態系資本は人間の生活に必須の多様な資源やサー

116

ビスをもたらすうえ、水産資源の乱獲や森林の乱伐採など、乱暴な利用方法を行うと枯渇してしまう可能性があるため、再生能力を超えない範囲(環境容量)での利用方法がカギとなります。

2.2 自然資本と持続可能な社会

　自然資本という死角　とはいうものの、これまでの社会経済のなかで、生態系資本やそれが産みだす生態系サービスはきちんと扱われてきたわけではありません。木材や食糧など商品価値の明確なものはある程度評価されていますが、そのほかにきちんと経済評価されていない、いわばタダだと思われてきたような(外部経済化されてきた)生態系サービスがたくさんあるのです。生態系サービスをきちんと評価して社会や経済のなかで位置づけてゆかないと、持続可能な社会には至りません。とくに、経済を動かしている企業の活動を考えると、経済のメカニズムの中に組み込まれて(内部化されて)いないと、機能しないことが多いのです。

　最近話題となっているSDGs(Sustainable Development Goals)のなかでも、生態系サービスは重要な意味をもっていますが、あまりそのことが認識されているとは言えません。SDGs は No one left alone という合言葉のもとに世界中の人々の生活を持続可能な社会にする17個のゴールから成ります。それらの目標間には相互の関連性があって、究極的には平等で責任のある経済や産業が発展することが重要だとしても、それを支えるのは、平和で貧困がなく、ジェンダーの問題も解決して健康で十分な教育や食、住環境、エネルギーなどを得ることができるという社会条件が必要なのです。さらに、そうした社会を下支えする基礎が、海や陸の生態系、水、気候という自然資本の部分なのです(図6.2)。

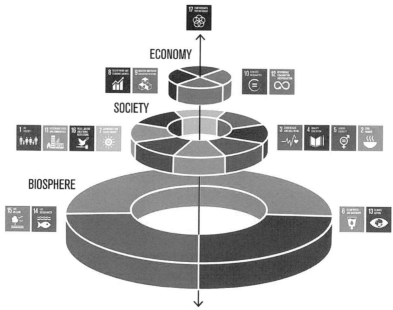

図6.2　SDGsの各ゴールの関係（Stockholm Resilience Centerの資料を一部改変）

3　さまざまな生態系サービス

3.1 生態系サービスとは

　生態系サービスの概念　そこで、まず生態系サービスとは何か、を理解しましょう。『生態系サービス』とは、「生物・生態系が人間社会にもたらす広い意味での利益あるいはその機能」を指しますが、1990年ごろからよく使われるようになった語です。もっと簡単な言葉でいえば、『自然の恵み、恵沢』とかと言ってもよいですし、行政的には森林や農地がもつ『多面的機能』という語がまさに生態系サービスに相当します。最近では、必ずしもプラス面だけでなく、マイナス面も考える必要があることや、サービスという語が示す経済的な価値以外も含むべきだという批判もあり、Nature's contributions to people（NCP,『自然の寄与』）というようなニュートラルな語も使われるようになっています。しかし、ここでは、さまざまな分野で定着してきた『生態系サービス』を用いて話を進めます。

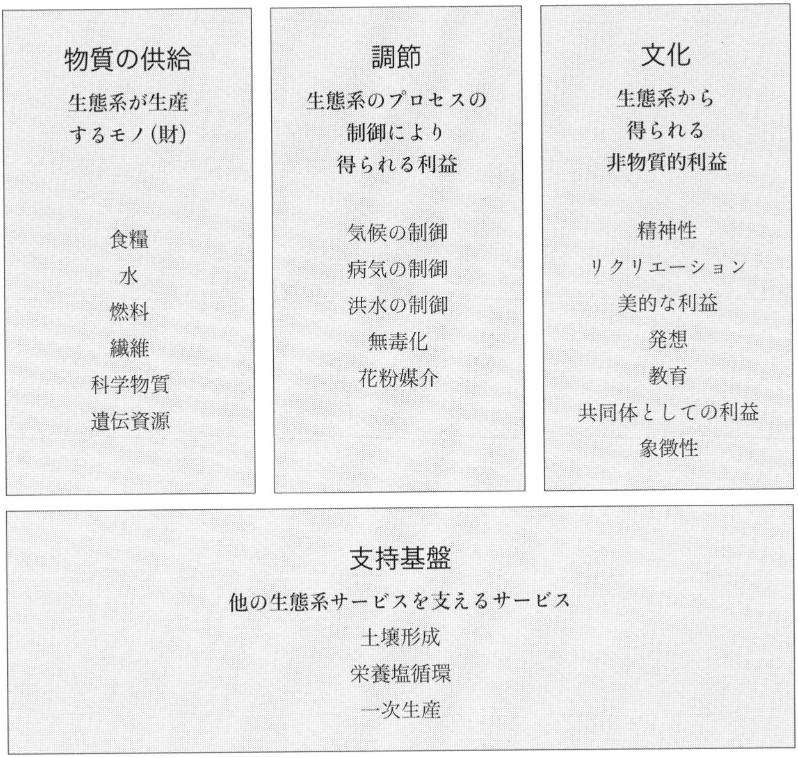

物質の供給	調節	文化
生態系が生産するモノ（財）	生態系のプロセスの制御により得られる利益	生態系から得られる非物質的利益
食糧 水 燃料 繊維 科学物質 遺伝資源	気候の制御 病気の制御 洪水の制御 無毒化 花粉媒介	精神性 リクリエーション 美的な利益 発想 教育 共同体としての利益 象徴性

支持基盤

他の生態系サービスを支えるサービス
土壌形成
栄養塩循環
一次生産

図6.3　生態系サービスの分類（Millennium Ecosystem Assessment［2005］を一部改変）

　生態系サービスの分類　国連が2000-2005年に地球規模で行った、ミレニアム生態系アセスメント（Millennium Ecosystem Assessment, MA）では、生態系サービスを大きく4つに分類しています（図6.3）。供給サービスは、木材や食糧、水、化学物質などのモノや財をもたらすサービスですし、調節サービスは、生態系が気候を穏やかにしたり、水をきれいにしたりという、モノの流れやプロセスを調節するサービスです。文化サービスは、私たちが美しい自然を楽しんだり、自然教育だったり、地域の信仰なども含んで、私たちの精神や文化に与えてくれる恵みです。基盤サービスは、生態系が光合成や蒸散を行ったり、有機物を分解して土壌を形成したりという、供給・調節・文化サービスを支える、生態系が本来持っている基本的な機能です。したがって、生態系サービスとしては供給・調節・文化の3つをいうのが一般的です。

3.2 供給サービス

　食糧から考える共起　私たちは生態系から多くのモノを得ていますが、その代表的なものが食糧です。たとえば、旅館の夕食などで何種類くらいの生き物を食べているか数えてみましょう(図6.4)。この例では、お刺身に何種類かの魚、煮物や焼き物、漬物、みそ汁、デザートにいろいろな生き物が食材として使われていて、これらの種類数は植物25種類、動物13種類、菌類(キノコのみ)3種類で、合計41種類となりました。醬油やみそ、お酒などの発酵につかった菌類をいれるとおそらく50種類くらいの生き物を1食で食べていることになります。しかし、この50種類の生物がいれば、この食事ができるかというと、そうではありません。例えば、マグロがこの食卓に上がる前には、マグロの餌となる小魚を食べていますし、その小魚はプランクトンを餌にしています。そういうことを考えると、この一晩の食事を実現するためには100種とか200種の生物が必要だということになるわけです。生物多様性や生態系は、そうしたつながりの中で考える必要があるのです。

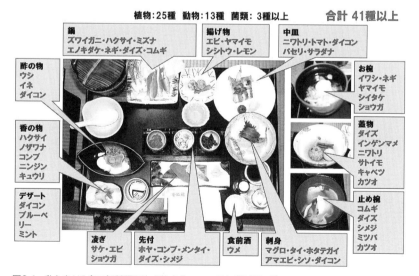

図6.4　私たちは1食で何種類の生き物を食べているか(筆者作成)

　そのほかにも、数十年前までは身近な山野に生える植物が薬として使われていたまました。現在では化学合成した薬が使われることが多いのですが、もともとは野生植物の成分を利用することから始まっています。こうした多様な化学物質は、植物とそれを食べる動物との共進化によって生まれてきたと言われています。

　遺伝的多様性もさまざまな供給サービスに関係しています。たとえば、日本の地方には、それぞれの地域に特有の地方野菜があります。大根などは、各県にひとつくらい独特の品種があります。各品種の性質に応じてそれぞれの料理方法があって、旅行した時には、それを私たちが恵み（生態系サービス）として楽しむことができるのです。こうした品種は、生物の種としては1種かもしれませんが、高い遺伝的多様性を持っていることを示しています。最近では、こうした地方野菜をブランド化しようという動きも多く、京野菜に始まり、現在では大阪府、石川県、長野県などでも行われていて、地域再生にも貢献しています。

3.3 調節サービス

　調節サービスの例：森林　調節サービスには、たとえば森林による水源涵養とか洪水防止などがあげられます。森林があると、樹木による蒸散や土壌での水の蓄積があるため、豪雨のあと河川に流出する水のピークを遅くし、流量を下げ、そのあとの渇水期にもある程度の流量を確保します（図6.5）。しかし、森林をなくして、たとえば地面をすべてコンクリートで覆ってしまうと、洪水時の水量が大きくなり、雨が降らない時期にはすぐに水か涸れてしまうことになるのです。

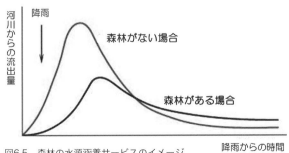

図6.5　森林の水源涵養サービスのイメージ

気候変化の緩和策と適応策　また、生態系は気候の温暖化をひきおこす二酸化炭素を吸収するという機能をもっています。同時に、蒸散機能によって周囲の温度を下げる効果も持っているので、都市のヒートアイランド効果を緩和する効果もあります。つまり、気候変化の緩和策(気候変化の進行を遅らせる対策)としても、適応策(気候変化が起こることを前提とした対策)としても期待できるわけです。

生物的な調整サービス　こうした物理的な環境を調整するサービスのほかに、生物的な調節サービスもあります。最近増加している人獣共通感染症(新型コロナウィルスもそうです)も、生物多様性や生態系の劣化が遠因だと言われています。人間が単一種の作物を大面積で栽培したり、改良された品種(遺伝的に均一な集団)を大量に養殖したりすることが、こうした病気の発生を促進させている可能性が高いのです。また、近年、日本で起こっているマツ枯れ病やナラ枯れ病なども、人為的に特定の種を増加させたり、管理方法を変えたりしたことなどが原因になっていると言われています。生態系のもつ複雑な食物網や生物間の相互作用は、こうした病気の大発生を防ぐ機能があると言われているのです。

また、作物の花粉を媒介する働きも生物的な調節サービスのひとつです。コーヒー豆は花粉を昆虫(ハナバチ類)が運ぶことで結実しますが、そのハチ類は森林に営巣します。この時、行動範囲は巣から1km程度と言われ、巣から遠すぎる場所を訪れるハチ類は少ないのです。そのため、コーヒー園の周囲にある程度森林を保全したほうが、保全しない場合よりもコーヒー豆の収量があがり、収入も増えると推定されています。日本でも、ソバの授粉に関係している昆虫の生息地(森林、低木・草本植生など)が確保された畑で結実率が高いことがわかっています。また、リンゴ農園では、花粉を運ぶマメコバチを農協が人工的に育てており、開花期には農家がそれを購入して授粉効率をあげています。

3.4 文化サービス

文化に取り入れられた生物　文化サービスはさまざまな面で生物多様性と関連しています。たとえば、民族や地域独特のデザインやモチーフの中

には、その地域の生物などがたくさん取り入れられています。ボルネオ島のケニャ人たちのロングハウスには、さまざまな生き物が集まる樹木のモチーフが特徴的に描かれていて、ロングハウスを見るとすぐにケニャ人の村だとわかります。いわば、民族のアイデンティティのようなデザインにたくさんの生物が使われているわけです。日本の家紋のようなデザインにも、たくさんの生物がモチーフに使われています。また、サッカーチームのエンブレムにもその地域に特有の、あるいはかかわりのある動植物がデザインされています。こうしたシンボルには、集団としての一体感やアイデンティティを強める効果が期待されているのでしょう。

　エコツーリズムは典型的な文化サービスですし、一定の経済効果も期待できます。そのほかにも、バイオミメティクス(生物の構造や機能などを分析し、そこから着想を得て新しい技術や物造りを開発する手法)も重要な文化サービスといえるでしょう。また、緑豊かな環境に住む人の精神的健康度が高いという分析結果もあります。

4　生物多様性・生態系サービスの経済価値と
##　　それに対する支払い

　生物多様性・生態系サービスの経済評価　こうした生態系サービスのなかには、木材とか食糧のように市場価値が明確なものもありますが、市場価値が不明確だったり、無償で得られると思われたりしてきたものが少なくありません。しかし、2010年以降、生物多様性や生態系サービスを経済評価して、生態系や生物多様性を持続可能な形で管理しようとする動きが明確になってきました。その例がTEEB(The Economics of Ecosystem and Biodiversity)の一連の報告書で、このなかでさまざまな生態系サービスが経済評価され、国の政策決定者むけ、地方自治体の政策決定者向け、起業家向けというようにさまざまな提言がなされています。

　様々な生物の価値　世界中の生態系に関して経済評価をまとめた結果を見ると、サンゴ礁などは1年1ヘクタールあたり1億円くらいの価値があると推定されています。熱帯雨林はそれよりも低いですが、10万円から

100万円くらいです(図6.6)。このような経済評価は、日本でも2001年に学術会議が日本全国の森林について、土壌浸食防止機能が1年あたりで28兆円、水資源涵養機能が8兆円、二酸化炭素の吸収機能が1兆円などと推定しています。

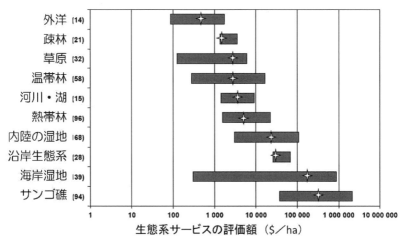

図6.6　生態系の価値評価の例(Russi[2013]を一部改変)

　生態系サービスに対する支払い　このように、生態系サービスに一定の価値が認められると、それを持続可能な形で維持するための制度が問題になります。例えば河川の流域の中で、上流の生態系はさまざまな生態系サービスを発揮する一方、下流の住民、あるいは都市の住民はそれを無償で利用している可能性があります。生態系サービスが無償ではなく、その管理にコストが生ずるとしたら、そのコストを社会全体としてどう負担したらよいのか、という議論が出てくるわけです。このような、生態系サービスの管理コスト負担の仕組みを、『生態系サービスに対する支払い(payment for ecosystem services, PES)』といいます。

　支払いの具体的なメカニズム　PESの基本的な考え方は、図6.7のように説明できます。たとえば、図の左側では、森林所有者は木材を収穫して収入を得ていますが、生態系への配慮なしに木材を利用しているので、生態系サービスはあまり発揮されず、かつ土砂流出の対策などを打たなくて

124

はならないので、社会全体のコスト負担も大きい状態です。しかし、図の右側のように、生態系に配慮した森林管理の方法に改めると、木材からの収入は減少するのですが、生態系サービスの発揮量は多くなり、社会コストも減少します。そして、もし増加した生態系サービスに対して、そのメリットを受けている人たちが対価を払ってくれれば、森林所有者の収入は補塡されるか、あるいはむしろ増加する可能性があるわけです。つまり、社会全体として持続可能な森林管理に対するインセンティブが生まれるのです。実際には、広い意味でのPESはいくつか動き始めているので、以下にはそれらの例を解説しましょう。

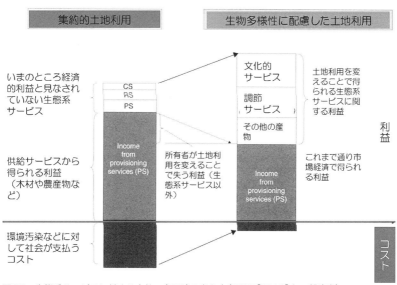

図6.7　生態系サービスに対する支払い（PES）の考え方（TEEB[2011]を一部改変）

認証制度　森林認証制度は、持続可能な森林管理によって生産された木材あるいは木質製品をラベリングすることで、消費者がその商品を選べるような仕組みです。持続可能な森林管理をするためには、これまでの木材生産方法より多少コストがかかりますが、そのコストを上乗せした価格で売ることができれば、森林所有者あるいは森林管理者にも経済的なメリットがあります。Forest Stewardship Council（FSC）と Programme for the Endorsement of Forest Certification Schemes（PEFC）が国際的な認証制度として知られています。また、各国もそれぞれの国内認証制度をもち、日本にも Sustainable Green Ecosystem Council（SGEC）の認証制度があり、最近 PEFC と相互認証されるようになりました。

　木材だけでなく、コーヒーや水産物、パーム油、大豆、牛肉などでも認証制度が始まっています。とくに、パーム油は東南アジアで、大豆や牛肉はアマゾンで熱帯林を農地に転換して大規模に栽培される場合が多く、熱帯林減少の大きな要因となっています。認証には、これらの商品作物が熱帯林の保全を考えたものであることが条件になっています。

　日本では、コウノトリやトキの保全と結びつけた環境保全米のとりくみがあります。コウノトリやトキを復活させるためには、それらの鳥が生息できる環境も復元する必要があり、冬でも湛水した水田や、農薬を減らした栽培方法などが推奨されています。そうした栽培にはコストがかかりますが、コウノトリやトキを環境アイコンにして米をブランド化することにより、価格が多少高くても消費者に受け入れられました。

　森林環境税　日本では、近年国産材の不振が続いており、間伐など人工林の適切な管理を行うコストが捻出できない状態です。しかし、森林管理を怠ると人工林内が暗くなりすぎて、ほとんど植物のない状態となり、土壌浸食を引き起こしやすくなります。こうした現状に対して、森林管理コストを流域全体から税金の形で徴収しようとする制度が始まっています。2000年代の後半から、各県が「森づくり税」、「森林水源税」などの名称で法定外目的税が導入されました。また、2019年度からは国の制度として、新しく森林環境税が開始されています。徴収された税（1000円／人）は、森林面積や人口に応じて、森林環境譲与税として各市町村に配分され、森林の管理コストとして使われます。

　REDDプラス　温暖化の緩和策との関連でREDDプラスという仕組みがあります。二酸化炭素排出量を削減する試みはいろいろと行われてきましたが、造成した森林が吸収する二酸化炭素をクレジットとして認める（自国や事業体が排出した二酸化炭素量を減じてもらえる）森林吸収源制度も合意されています。しかし、実際には世界中で造成された森林が吸収する二酸化炭

素の量よりも、現存する森林が伐採されることによって放出される量の
ほうが多いのです。そこで、もし伐採などで消失するはずであった森林
を保全すれば、伐採で放出されるはずであった二酸化炭素量をクレジッ
トとして認めようとする制度が提唱されました。それが、REDD(Reducing
Emissions from Deforestation and Forest Degradation in Developing Countries) です。それ
を行う際に、二酸化炭素吸収だけではなく、他の生態系サービスや地域住
民の権利にも配慮した制度にしようというのが、REDD プラスです。この
制度は、森林減少の著しい途上国などが、森林を保全することで得られる
クレジットということになり、温暖化も抑制できるし生態系サービスも保
全できる制度として注目されています。

　生物多様性オフセット　生物多様性オフセットも広い意味ではPESの一
つと言えます。ある場所を開発する場合に、その開発で失われる生物多様
性と同等の生物多様性を別な場所で復元させることを条件とする仕組みで
す。こうしたオフセットの仕組みは、すでに50か国以上で導入、あるい
は導入が検討されています。日本では、愛知県がこの制度に似た仕組みを
愛知方式として導入しています。さらに、米国では開発に備えて復元す
べき生態系をストックしておき、開発を行う業者に提供する『ミティゲー
ションバンキング』という仕組みをもつ州もあります。

5　震災復興と自然資本

　地域のレジリエンス　このような生態系サービスの評価や自然資本の考
え方は、地域のレジリエンスにとっても重要な考え方です。とくに、東日
本大震災のような大きな災害後の復興にあたっては、考えさせられる事態
が起こりました。以下には、そのことについて述べます。

　東日本大震災　2011年の3月11日に東日本大震災が起こり、その直後
に1000年に一度と言われる大津波に襲われて、東北の沿岸地域は未曾有
の災害を受けました。もともと、この地域の産業や文化は水産業や農業や
林業など、いわゆる自然資本に大きく頼ってきました。したがって、生態
系を重視しない復興は賢いとは言えません。被災から10年を経過して振

り返ってみると、それはこの地域に特徴的なことではなくて、日本の地方に共通した問題点であることが理解できます[中静ら 2018]。

5.1 震災後の生態系の変化

　干潟の被害と回復　まず、震災後に起こった生態系の変化を概観してみましょう。東日本大震災では地震そのものによる被害よりも、津波による沿岸域の生態系、具体的には干潟、砂浜、海岸林、農地などの被害が大きかったのです。

　仙台のすぐ近くにある蒲生干潟は、野鳥がたくさん飛んでくる場所だったのですが、震災によって干潟が壊滅状態になりました。しかし、数カ月で再び砂が運ばれてきて、もとに近い形に戻りました。場所によって状況は違うものの、干潟の回復は思った以上に速かったのです。干潟に棲む多様な底生生物(湿地や水域の底質に生息する生物)も、津波のあと数年でたくさんの種が復活しています。

　干潟は、多様な生物の働きによって、河川から海に流れ込む水の浄化という重要な生態系サービスをもっています。また、潮干狩りなどのリクリエーションの場、海苔や牡蠣などの養殖の場、水産資源となる生物の産卵場所や稚魚の育つ場所にもなっており、経済的にも高く評価されている生態系の一つです(図6.6の海岸湿地)。

　もともと、沿岸域というのは砂丘の内陸側に後背湿地があったり、河川の河口近くに氾濫原や潟湖があったりと、湿地環境に富んでいる場所です。こうした低湿地には、過去の開発によって埋め立てられて水田に転換された場所もたくさんあります。中には、地震で地盤沈下が起こり、埋め立てで一度消失していた潟湖が復活した例なども知られています。また、そうした場所では、数十年前に地域絶滅したと思われていた植物が、埋土種子などから復活した例もありました。こうした生物にとっては、時に洪水や津波のようなかく乱があることが生育の条件であったのですが、開発によってかく乱が失われて絶滅したと考えられるのです。

　砂浜も、常に砂が風で動くうえに塩分の高い飛沫や風の影響がつよい、一般的には厳しい環境です。しかし、こうした場所にしか生育しない生物

がおり、時には絶滅危惧種に指定されている場合もあります。こうした生物も、かく乱がおこる環境に適応した種であるため、津波の後も回復が速かったのです。むしろ、堤防を作ったり砂の移動を抑えたりする人工物の影響で、環境が安定してしまうことが絶滅の要因となりうるのです。人間も、砂浜が災害リスクの大きい場所であることを承知しながら、海水浴場や美しい風景として大切にしてきた面があるのです。

5.2 防潮堤堤問

　震災後の巨大防潮堤の建設　東日本大震災の復興過程で、大きな問題となった点のひとつは防潮堤の建設でした。震災前にあった防潮堤は津波の力に耐えられず、破壊されてしまいました。高さ10mという大きさで知られていた岩手県の田老町の堤防も、津波に乗り越えられ破壊されました。そのため、震災後に復旧された田老町の防潮堤は、大きな津波にも耐えられるように、従来の堤防より高く、また底辺の広い堤防となりました。大きな防潮堤になると、高さが15m、底辺は幅90mにも及ぶものがあるため、「巨大防潮堤」とも呼ばれました（図6.8）。

図6.8　海岸防潮堤（気仙沼市小泉海岸）（筆者撮影）

巨大防潮堤による環境変化　地盤沈下で海岸線が後退したこともあり、巨大防潮堤の建設により、砂浜や干潟が消失・縮小したり、自然海岸が消失したりすることになったほか、河川にそそぐ河川の堤防も同じ高さと強度で設計されたため、地域の景観を大きく改変することになりました。すでに述べたように、こうした沿岸域の生態系や生態系サービスの価値は大きいので、地域によっては住民の大きな反対に直面しました。しかし、地域住民の多くは被災者であり、自らの震災被害に対する対応で精神的にも余裕がなく、十分な議論の時間もなかったのが実情でした。

巨大防潮堤の意義　また、他の復興計画との統合的な配慮に欠ける部分もありました。たとえば、津波の被害を受けた地域は今後の居住を禁止されたため、防潮堤で守るべき財産がほとんど存在しない地域にも建設が計画される場合もありました。防潮堤を建設したものの、内側に農地も存在しないか、農業を行う人がいないという場合もあったのです。地域によっては、住民側が対案を提案した場合もありましたが、ほとんどの場合は当初計画のとおりに建設されました。

5.3 海岸林の再生

江戸時代からの海岸林　東北地方の海岸には、飛砂を防止し、塩分の強い潮風を防ぎ、津波や高潮の被害を緩和するなどのため、海岸林が大面積で整備されていました。仙台湾を例にとると、震災前には幅最大400m以上、長さ約40kmにわたってマツ類を中心とする海岸林が成立していましたが、これは江戸時代から、藩や地域住民によって造成・拡張されてきたものです。

海岸林の被害　津波によって、この海岸林がほぼ壊滅状態となりました。多くは津波の物理的な力による倒木でしたが、地震による地盤沈下で地下水位があがり、生き残った樹木も、その後1-2年で枯れてゆくというような現象も見られました。そのため、そのままの状態で再造林しても、マツの地下部が十分発達せず、樹木が十分な大きさに成長しない可能性や、それによって防災も含めた海岸林の効果が減少するという懸念がありました。したがって、震災後の海岸林再生にあたっては、海面から2mの高さまで

図6.9　仙台湾での海岸林造林(筆者撮影)

土盛りをし、可能な限り200m以上の林帯幅で造林することが基本方針となったのです(図6.9)。

　海岸林の様々な再生計画　しかし、山砂を土盛りすることで砂地性の生物の生息域が失われることや、すでに自然に更新している稚樹を無駄にするなど、生物多様性保全の面から問題視する意見がでて、事業主体であった東北森林管理局は、一部に盛土をしない保全地域を設けたり、生物多様性に配慮した森林再生を行ったりという計画変更を行っています。また、ごく小面積で実験的にではあるものの、表層土を取り置き、土盛りをした後でその土砂を戻すなど、新たな再生方法も試みられています。

　岩手県の高田松原は、国の景勝地としての指定を受けていましたが、地盤沈下などもあり、当初計画では海岸林の海側に防潮堤を建設する計画となしました。しかし、白砂青松の有名な風景を再生する重要性も認められて、防潮堤の海側を造成してマツ林を再生することになりました。

　宮城県岩沼市の海岸林の一部では、土壌改良を行ったうえで、マツ類ではなく広葉樹を密植する海岸造林も行われています。ただし、こうした植栽方法は、他の地域で行われたマツ類の造林と比べると9-16倍の苗数が必要で、苗木の入手などが難しいうえに、大きなコストかつ労働力を必要

とします。

　こうした海岸林をめぐる議論は、いわば飛砂防止、防風、防潮といった生態系サービスと、生物多様性にかかわる生態系サービスとのコンフリクトが問題になったケースと言えるでしょう。後者は前者に比べると最近の議論であり、社会的にもその価値の共有が遅れている問題だとも言えます。生態系サービスに関する社会的な価値は時代とともに変化するものであり、こうした価値を共有した議論が必要なのです。

5.4 水田の復活

　伝統的水田の驚く回復力　震災後の水田の復興でも、伝統的な農業の回復力という点で大きな示唆がありました。冬にも水田から水を抜かない、『冬水たんぼ』という伝統的な水田耕作法がありますが、近年、この方法が生物の多様性を保ちながら、肥料の投入を少なくしても生産力が保てるやり方だ、ということで注目されています。東日本大震災で津波の堆積物や瓦礫がこうした水田にも残されましたが、『冬水たんぼ』を実践してきた水田では、2011年の3月に被災をしたあと、4月に瓦礫を田んぼから除去し、そのあとに湛水をしてイネを植えたらその年に収穫ができました。しかも、収穫量が通常の年より2割多かったのです。収穫量が増加したのは、おそらく津波が運んだ堆積物に栄養塩が豊富に含まれていたためだと考えられています。多くの農業関係者が津波の堆積物の含んでいる塩類濃度を低下させなくてはイネが栽培できないのでは、と考えていたのに対して、津波を被災したその年から収穫ができたという点には驚きます。

　近代的水田の困難さ　一方、一般の水田はどうだったのかというと、仙台平野の広大な水田の多くは、人工的な灌漑施設が整備されていて、津波でその多くが被害を受けたため、すぐに水田に水を入れることができませんでした。さらに、塩類濃度の高い津波の堆積物を除去し、場合によっては新しい土壌を入れるなど、さまざまな対策が必要でした。そして、水田耕作を再開できたのは震災4年後になってしまったのです。

　こうした事実は、伝統的な農業のレジリエンスの高さを示唆します。伝統的な「冬水たんぼ」は近代的な灌漑システムを利用していないため、きめ

の細かい管理が必要で、労力もかかりますが、震災後の復旧は速いのです。近代的な農業は、平時には労力のかからないシステムですが、一度被害を受けるとその復旧には多くのコストや労力がかかります。加えて、東北地方を始め多くの地域で農業後継者が減少している現実があり、農地を復旧したものの、農業を再開しなかった、あるいはできなかった場合もありました。

5.5 海と山のつながり

　自然資本を中心に据えたまちづくりの例　地方自治体の中には、地域の人口や産業の現状を考えて、自然資本を中心にしたまちづくりという方向性を明確にしている自治体があります。宮城県南三陸町は、震災後にそうした方向性をより明確にした復興を行っている自治体のひとつです。

　南三陸町は海の水産物と森林、農業を産業の柱にしています。震災前から準備をしていたとはいえ、震災後にFSCの森林認証を取得するとともに、海では志津川湾での牡蠣の養殖についてASCの養殖認証を取得し、一つの町で森林と海産物養殖の認証の両方を取得した世界で初めての町になりました。牡蠣の養殖認証を取得するためには、養殖いかだの密度を1／3に減少させるという大英断を断行したのですが、そのことによって逆に牡蠣の生育速度が速くなり、収入を減少させることなく、労力を減らすことに成功したのです。森林でも認証取得を契機として、イヌワシと共存する森林管理など、生物多様性に配慮した森林管理を進めるとともに、さまざまな試みを開始しています。ほぼ町産の認証材だけを用いた町役場を建築しました。さらに、生ごみをバイオマスエネルギーとして利用するシステムを導入し、残渣を農業肥料として使うなど、多くの新しい試みを行っています。

5.6 地域コミュニティの復興と生態系サービス

　生態系サービスと地域コミュニティのレジリエンス　生態系あるいは生物多様性は、上述のような資源や産業の問題だけでなく、地域コミュニティのレジリエンス形成にも貢献しています。地域の人々を結び付けるシンボルとなっていたり、生態系の管理を地域住民の協働で行うことが災害時の共助や復興の大きな力となったりすることがあるのです。

生態系サービスとレジリエンスの様々な事例　宮城県気仙沼市の前浜では、伝統的にツバキの油を利用する文化がありました。震災後の復興を考えるための話し合いで、住民の一人が言い始めた「ツバキを植えよう」という言葉が人々を動かすきっかけとなり、避難路にツバキを植えたり、ツバキ油を利用する伝統が復活したり、というところから始まって、地域の復興やそれを支えてくれる外部のコミュニティとのパートナーシップへと発展していきました。

　また、宮城県名取市では、もともと海岸林の管理を行っていたグループが海岸林を復活させようと活動を始めました。その過程で、江戸時代にその地域から移住した人たちが祖先となった四国の集落からの援助をうけ、それを契機に100年を隔てた両者のつながりが復活しました。復興への援助と、それに対するお返し、さらには住民同士の交流、という形で両者の交流が発展していったのです。

　気仙沼市の大谷海岸では、防潮堤の建設に関して粘り強い話し合いの結果、防潮堤計画の見直しにつながりました。ここでは、最初から建設に対する反対や賛成という立場を明確にすることなく、住民の共通財産である海岸に対するそれぞれの思いを語るというところから議論を始め、最終的に住民全体の合意を得ることに成功したのです。

　ほかにも、復興において地域の祭りが重要な役割を果たしたというような例はたくさん報じられています。こうした事実は、復興という局面においても、生態系や生物多様性の文化サービスの貢献が大きいことを示しています。

6　グリーンインフラの考え方

6.1 グリーンインフラ、EcoDRRとは

　生態系による防災・減災　これまで見てきたように、生態系によっては、災害時には防災のインフラストラクチャーとして機能すると同時に、平時にはさまざまな生態系サービスをもたらします。そうしたことから生態系を基盤とした防災・減災(Ecosystem-Based Disaster Risk Reduction, EcoDRR)という考え

方が提唱されるようになりました。こうしたインフラストラクチャーを『グリーン・インフラストラクチャー』と呼びます［グリーンインフラ研究会ほか2017］。

　今後の日本社会では、人口が減少して都会に集中するため、地方では何を守るためにどのような防災をするのか、あるいは誰が防災を担うのかが問題となっています。また、近年の気候変化で、極端現象が起こりやすくなっており、洪水や高潮の頻度が高まることが予想される一方で、行政的な予算も減少しています。そうした状況では、防災・減災の効果をもつだけでなく、生態系サービスも期待できるグリーンインフラやEcoDRRのほうが適しているという考え方が拡がっています。

　EcoDRRでは、たとえば災害の起きやすい場所には住まないことや財産を置かない、つまり災害に脆弱な土地利用を避けるということが基本となります。そうして空いた場所に自然を回復させるとか、あるいは災害を受けても迅速に復旧できるような農業システムなどを配備します。さらに、森林を造成して防災・減災機能を高めることも可能でしょう。

　生態系による防災・減災の限界　とはいっても、コンクリートの構造物は耐えられる災害の物理的な強さが明確であるのに対して、グリーンインフラはそうした点が明確でない、といった面もあります（表1、「◎」はとくに優れた機能をもつ、「○」は十分な機能をもつ、「△」は機能を一部果たす、「×」は機能がないことを示す）。したがって、従来型の人工物とグリーンインフラの長所を両方取り入れたハイブリッド技術が良いという議論もあります。

表1　生態系を活用した防災・減災の特徴

機能	人工物インフラ	生態系インフラ
単一機能の確実な発揮（目的とする機能とその水準の確実性）	◎	△
多機能性（多くの生態系サービスの同時発揮）	△	◎
不確実性への順応的な対処（計画時に予測できない事態への対処の容易さ）	×	○
環境負荷の回避（材料供給地や周囲の生態系への負荷の少なさ）	×	◎
短期的雇用創出・地域への経済効果	◎	△
長期的な雇用創出・地域への経済効果	△	○

（環境省「生態系を活用した防災・減災に関する考え方」より）

岩手県の高田松原津波復興祈念公園 東日本大震災の復興においても、グリーンインフラの例は少数ではあるものの、見ることができます。たとえば、岩手県の高田松原津波復興祈念公園は、被災者への追悼、被災の実情と教訓の伝承、防災文化の継承などとともに、歴史的風土と自然環境の再生、市街地の再生と連携した町の賑わいの創出などが基本方針とされました。具体的には、防潮堤の海側に砂浜を再生させるとともにマツ林を造成し、防潮堤の陸側は覆土・緑化されました。また、多様な生物を育む貴重な汽水域であった湿地はそのまま保全され、築山や植栽によって防災効果を高める、という設計になっています。

石巻市の南浜地区は、もともと人家のほとんどない砂浜や湿地だったのですが、高度経済成長期以降に急激な市街化が進行した地域です。津波により約75haの市街地が壊滅的な被害を受け、震災後は地盤沈下もあって一部が再び湿地化していました。祈念公園は、鎮魂の場であるとともに、被災の実情と教訓を後世に伝承する復興の象徴として計画されました。そのため、かつての自然環境である「浜」と、震災前に蓄積された住宅地としての半世紀の想いや記憶を示す「街」、犠牲者の追悼と被災の教訓を次世代へと伝承する機能が尊重されました。

こうした例に共通するのは、災害危険地域となり居住が禁止された地域における防災と自然環境を両立させたインフラです。いずれも防災機能としては防潮堤建設が基本となっていますが、その内陸側に湿地や植栽地域などを設けることで減災機能を高めると同時に、景勝地やリクリエーションの場などとしての利用が期待できる設計となっているのです。

7　結び

これまで述べてきたように、自然資本を中心とした考え方は、資源利用の持続可能性を高めるだけでなく、災害時のレジリエンスも高めることがわかります。自然資本のなかでも、とくに再生可能な資源を産む資本の管理が重要で、非再生可能な資源に頼りすぎた社会は、長期的に見ると脆弱と言えるでしょう。

　東日本大震災で起こったことは、実は日本のさまざまな地方で緩やかに起こっていることです。震災は、人口減少や非再生可能な資源を基盤とした産業の衰退を一気に数十年早めた、とも言われています。被災が再生可能な資源や生態系サービスなどの重要性を浮き彫りにしたとも言えます。また、資源という側面だけでなく、人間の文化や地域社会のレジリエンスという点でもこうした方向性の意義は大きいでしょう。

　大災害の被災直後には精神的にも時間的にも余裕がなく、災害が起こってから熟慮して対応することは非常に難しいと思います。それを考えると、事前防災という形で、あらかじめ災害に備え、地域計画を作成しておくことが重要ではないでしょうか。

　東日本大震災や新型コロナウィルスなど、これまでの私たちの生活の持続可能性を疑わせる出来事が続いています。より持続可能性の高い社会とはどのような社会なのか、そのために必要なことは何か、という問いが私たちに突き付けられています。

参考文献

グリーンインフラ研究会、三菱UFJリサーチ＆コンサルティング、日経コンストラクション（編）［2017］「決定版！グリーンインフラ」日経BP社

Millennium Ecosystem Assessment［2005］Ecosystems and Human Well-being: Biodiversity Synthesis. World Resources Institute, Washington, DC

中静透・河田雅圭・今井麻希子・岸上祐子（編・著）［2018］『生物多様性は震災復興にどう貢献したか』地球研叢書、昭和堂出版

Russi D. and ten Brink P［2013］Natural Capital Accounting and Water Quality: Commitments, Benefits, Needs and Progress. A Briefing Note. The Economics of Ecosystems and Biodiversity（TEEB）

Russi D., ten Brink P., Farmer A., Badura T., Coates D., Förster J., Kumar R. and Davidson N.［2013］The Economics of Ecosystems and Biodiversity for Water and Wetlands. IEEP, London and Brussels; Ramsar Secretariat, Gland

TEEB［2011］The Economics of Ecosystems and Biodiversity in National and International Policy Making. Edited by Patrick ten Brink. Earthscan, London and Washington

読書案内

武内和彦・中静透(編著)［2013］『震災復興と生態適応——国連生物多様性の10年とRIO+20に向けて』(jfUNUレクチャー・シリーズ)、国際書院

中静透・河田雅圭・今井麻希子・岸上祐子(編著)［2018］『生物多様性は震災復興にどう貢献したか』地球研叢書、昭和堂出版

原慶太郎・菊池慶子・平吹善彦(編著)［2021］『自然と歴史を活かした震災復興』東京大学出版会

第7章

災害支援から考える地域文化と博物館
――地域文化の「再発見」と「保存・活用」

日 髙 真 吾

---

1 問題提起
2 過去の事例
3 被災した文化財への支援活動――文化財レスキューについて――
4 文化財レスキュー後におこなわれる被災文化財への支援
5 結び

1　問題提起

　地域文化とは、地域が連綿と育んできたものであり、その要素には地域の豊かな自然や言葉、地域で昔から親しまれている祭りや行事、地域に残されている歴史的建造物や街並みや景観、地域に根ざした文化芸術活動などがあげられます。もちろん、そのほかにもたくさんの事柄が地域文化の要素となります。そして、これらの地域文化は、地域に住む人びとの感情、あるいは人生の節目や季節の移り変わりと結びつき、地域住民の豊かな人間性や創造性を育む役割を担っていきます。しかし、この地域文化の重要性は、地域住民の日常生活のなかでは当たり前のものであり、ほとんど意識されません。むしろ容易に忘れ去られる危機に常に直面しています。では、どのようなときに意識化されるのでしょうか。

　改めて考えると、災害で地域が危機的な状況に陥ったときに地域文化への関心が高まる傾向がみられます。復興において地域文化が心のよりどころ、

つまり源動力となるからです。そこでこの章では、被災文化財への支援を振り返りながら、地域文化と博物館の役割について考察を進めていきます。

2 過去の事例

東日本大震災の経験　地域文化が復興の心のよりどころとなった過去の事例をあげてみましょう。例えば2011年の東日本大震災でおこなわれた宮城県の文化財レスキュー事業では、地域で育まれた生活文化、いわゆる地域文化の情報を内包している「民俗文化財」が全体量の8割近くを占めていました［東京文化財研究所内東北地方太平洋地震被災文化財等救援委員会事務局（編）2012：278-287］。このことは、災害で地域が消滅するかもしれないという危機が生じると、地域で受け継がれていた地域文化があらためて認識されることを示しているといえます。

新潟県山古志村の経験　もうひとつの事例として2004年の中越地震で壊滅的な被害を受けた山古志村（現在、長岡市）をあげることができます。中越地震で被災した山古志村は、全村民が避難する事態となりました。当時の報道を振り返ると、多くの住民が「もう村に戻れないだろうと思った」ということが紹介されており、山古志村という地域が消滅の危機に見舞われていたことを知ることができます。このとき、山古志村の住民に大きな力を与えたのが、村の文化の象徴だった「牛の角突き」の再開でした。山古志村で連綿と受け継がれてきた「牛の角突き」という地域文化が山古志村の住民を、地域に呼び戻し、復興を後押ししたのです。

あたり前のことが心の支えに　山古志村の復興で注目を集めた地域文化の存在は、前述した東日本大震災でも同様の役割を果たしていきます。東日本大震災では、全国から多くの人々が被災地を訪れ、復興に向けたさまざまな支援活動がおこなわれました。これらの支援活動では、震災前にはあたり前のようにあった生業の道具類、季節ごとにおこなわれていた祭りや芸能、あるいはコミュニティ内で築かれてきた人間関係が注目されました。そして、これらの地域文化を核としたさまざまな支援活動が報道で大きく取り上げられました。このような動向を踏まえ、国立民族学博物館（以下、民

博)では、災害からの復興で地域文化が果たす役割の大きさを念頭に、東北地方の地域文化に着目した支援活動をおこないました。民博では、東日本大震災発災直後、民博館内に大規模災害復興委員会を設置し、文化人類学を中心とする人文科学の研究機関、あるいは博物館という立場から被災地支援をおこなうことを決定しました。そして、被災地の復興を後押しする地域文化の役割について、2012年に開催した企画展「記憶をつなぐ——津波災害と文化遺産」[日髙(編) 2012]で紹介しました。また、2012年度から2016年度までの5年間、岩手県、宮城県、福島県の郷土芸能の団体を招へいし、「みんぱく研究公演」を毎年開催しました。さらに2014年には南三陸町波伝谷の被災前と被災後の様子を撮影したドキュメンタリー映画『波伝谷に生きる人びと』(我妻和樹監督作品)の上映をおこないました。これらの公演や映画会では、実際に被災地から招へいした皆さんと対談をおこない、復興において地域文化が心のよりどころとなることを明らかにしていきました[1]。

3　被災した文化財への支援活動
——文化財レスキューについて——

3.1 文化財レスキューの概要

　指定の有無にかかわらないレスキュー　災害が発生し、被災地の有形文化財が危機的な状況に陥ったとき、文化財レスキューという支援活動がおこなわれます。文化財レスキューは、1995年の阪神・淡路大震災の際にはじめておこなわれた活動で[文化財保存修復学会(編) 2000]、簡単にまとめると、「被災した文化財を被災現場から救出し、元の状態に戻して、再び貴重な文化の記憶として後世へ継承する活動」となります。

　2011年の東日本大震災でおこなわれた文化財レスキューでは、文化財を緊急的に避難させ、より安全な状態にすることを最優先として、救出・一時保管・応急措置(以後、応急処置)が活動の柱とされました。また、文化財レスキューの対象は、国・地方の文化財指定等の有無にかかわらず、絵画、彫刻、工芸品、書跡、典籍、古文書、考古資料、歴史資料、有形民俗文化財等の動産文化財および美術品を中心とするとされました。

ここで対象とされた「国・地方の文化財指定等の有無にかかわらない」、「文化財等」という設定には大きな意味があります。そもそも文化財とは、本来、指定品か、未指定品かを問うものではありません。あくまでも数多くの未指定の文化財のなかで、特に重要とされたものが指定文化財となっているだけのことです。しかし、文化財保護行政が対象とする文化財は、予算措置をともなう指定文化財だけに限られる場合が多いのが実状です。したがって、文化財レスキューで対象とする文化財に対して、指定の有無を問わないことが明記されていることは文化行政のなかでは大きな意味を持つのです。また、通常、文化財という枠組みには、化石をはじめとする自然史の標本資料は含まれていません。これは、文化財保護法の第2条で示されている文化財のなかに含まれていない[2]ことにも関係しているのかもしれません。結果として東日本大震災では、「文化財等」という表現をあえて用いることで、それらの資料群も対象とすることが可能となったということになります。

　学芸員や研究者の役割　また、文化財レスキューの活動にはたくさんの人が関わらなければ作業が進みません。つまり、必ずしも文化財を日常的に取り扱いなれていない市民等の力が必要になってきます。そうした際、博物館の学芸員や文化財に関わる研究者が大きな役割を果たします。なぜならば、被災したために元の形状を維持することが困難な状態になっている文化財を取り扱う際、日ごろから展示や整理作業、あるいは熟覧等の調査で文化財を扱いなれている経験は大きな意味をもつからです。「文化財を両手で持って、丁寧に扱う」、「一人で複数のものを運ばない」といったことは、文化財に携わる仕事では常識ですが、そのような経験のない人は、「軽いから片手で持つ」、「小さいから2つ以上一緒に運ぶ」、「丈夫そうに見えるから丁寧に扱わなくても壊れないだろう」という効率重視の意識に陥りやすくなります。そして、不注意で文化財を壊してしまうという事故がおこりやすくなります。そうしたとき、日常的に文化財を扱っている学芸員や研究者がこの作業に加わると、注意喚起がなされ、事故のリスクを軽減することができるのです。

　それでは、次に具体的な文化財レスキューの内容について、東日本大震災における民俗文化財の文化財レスキューについてみていきましょう。

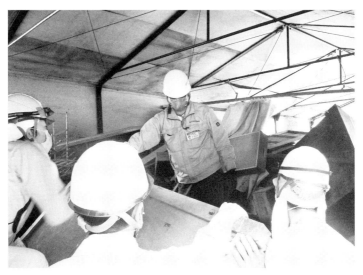

図7.1　救出作業（2011年7月　和高智美氏撮影）

3.2 文化財レスキューにおける被災した民俗文化財の救出活動

　救出活動の初期におこなったこと　東日本大震災の文化財レスキューで最初におこなわれた救出活動（図7.1）では、まず建物内の床面に散乱しているガラスの破片を取り除き、津波が運んできたヘドロをかきだしながら、埋もれている文化財を探していく作業をおこないました。装着しているゴーグルはすぐに汗で曇り、全身汗まみれになりながらの作業は、体力を著しく消耗させます。また、「文化財なのか」、「がれきやごみなのか」の判断がつかないものも多数でてきます。その場合は、すべてを救出の対象とすることとしました。一旦、廃棄されてしまったら、二度と戻ってはきません。廃棄の判断はいつでもできます。救出活動のような苛酷な環境での作業は、どうしても作業者の判断を鈍らせてしまいます。だからこそ、「これも文化財かもしれない。だから、まずは救出しておこう」という心構えが必要となるわけです。また、救出した文化財の状態は、原形をとどめていないこともあり、それらを見つけ出すのは大変な作業となります。こうした局面では、救出活動をおこなう構成メンバーの専門性が重要であり、このときは日ごろからさまざまな文化財を見慣れている学芸員や研究者の協

力がやはり重要となります。

　作業従事者は自身の安全を守る　救出作業では、作業従事者自身が自分の身をどう守るのかという自覚も必要となります。被災現場は人体に有害なカビなどが繁殖していることもあり、ちょっとした不注意から健康を損ねてしまうことが懸念されます。このような心配事は、被災現場で救出活動をおこなう際、常に頭をよぎります。しかし、文化財の救出の現場では、服装に関する緊張感のなさ、作業中の安全管理に対する意識の低さを感じることが多いことも事実です。また、さまざまな人が出入りする被災現場は、必ずしも平常時の治安が守られているわけでもありません。残念ながら火事場泥棒のような人も出入りしていることもあります。このような不審者に間違われないためにも、救出活動に参加する作業者は、自身の安全を守ることはもちろん、それを受け入れる所蔵博物館や所有者側が安心して作業を任せられる服装や装備を身につけて作業をおこなわなければなりません。

　作業従事者の装備　そのための装備として、長袖、長ズボンタイプの作業服、ヘルメット、マスク、安全靴、手袋、ヘッドライトは必須の道具となります。安全靴は、がれきのなかに混ざっているガラスや釘などから足をまもるために底が補強されているものを使用することを推奨します。また、安全靴は、すねまでをガードできるブーツタイプ、脱ぎ履きしやすいショートタイプ、耐油性に優れた安全長靴など種類が複数あります。現場の状況からどのタイプのものが作業に適しているかを考えて選択すると作業の効率化が図れます。これは手袋も同様です。手袋にはグリップ力が強く文化財を持ちやすいタイプのものや、耐水性・耐油性に優れたものがあり、被災現場の状況をみながら選択することが望まれます。いずれにせよ、これらの装備は、ホームセンターや作業用具専門店、あるいはインターネット通販でずいぶんと入手しやすくなっています。

　作業者の自覚　そのほか、被災現場では電気、ガス、水道が復旧していない場合が多いです。自家発電機や作業場を照らすための照明器具、携帯型トイレ、手洗い用の水や飲用水が必要となってきます。さらに、救出した資料を整理して置いたり、移動させたりするのに発掘現場で使用されて

いるようなテンバコや段ボール箱などがあると便利です。通常では考えられない場所で作業をするという自覚、そのような現場で自身の安全をきちんと守るという自覚、受け入れる被災地の方がこの人たちなら大丈夫だという安心感をもってもらうための自覚が救出活動に参加する際に必要な心構えとなります。何よりも支援にいっている人間が自身の不注意でけがなどをして、支援を受けている人から逆に支援を受けるという事態を引き起こさないことは強く意識しておかなければなりません。

3.3 文化財レスキューにおける一時保管

　限られた時間で大量のものを　文化財レスキューにおいて、救出活動の次におこなわれるのが一時保管の作業です。一時保管とは、安全な場所で一時的に保管するという作業です(図7.2)。ここでいう安全とは、雨や風がしのげるということはもちろん、鍵で施設を施錠し、管理するという防犯対策の面での安全性も条件に含まれます。一時保管の作業では、被災した博物館等、文化財の収蔵施設の担当者が立ち会うことのできる限られた時間のなかで、文化財を一気に保管場所へ移送することが求められます。被災地では、文化財の救出活動以前に生活全般の復旧・復興活動が求められるため、文化財の担当者といえども、本務である被災した文化財の保全だけに従事することは許されません。また、限られた時間で大量のものを一気に運び出すには、文化財移送で必ずおこなわれる「美術梱包」をしている暇はありません。そのため、脆弱なものは別として、ある程度強度のあるものは可能な限りトラックの荷台に積載して移送します。このときに、救出活動と同様、博物館の業務に精通している学芸員がいると心強いです。なぜならば、すでに日常業務の経験のなかで「これは梱包しなくてもある程度大丈夫」、「この強度ならば養生した方が良い」、「この脆弱さならばやはり梱包が必要だ」という判断が瞬時にできるからです。

　「整理・記録」の作業　また、一時保管の作業では、大まかではあっても全体の点数を確認するための「整理・記録」の作業をおこなう必要があります(図7.3)。一時保管の作業は、文化財を所定の場所から一時的にせよ移動させるため、Aという施設の「○○という文化財○点」という情報がなけ

図7.2　一時保管（2011年7月　筆者撮影）

図7.3　整理・記録の作業（2011年7月　筆者撮影）

れば、その後の活動において、この文化財がどこのもので、何点あったのかを確認できるものがありません。つまり、紛失が生じた場合、何が紛失したかもわからないということになるわけです。ただし、限られた時間で被災文化財を移送するという作業のなかで、やみくもに完璧なリスト作成をあえて目指さないことも大事です。何をもって完璧なリストというのかは、文化財のそれぞれの分野や研究者によって違いますが、例えば、所蔵機関のなかでの管理番号が一点ごとに明記され、さらにその名称までが整えられたリストをひとつのモデルとしましょう。

　箱ごとの管理　このリストを作成するには、当然、所蔵機関がもっていた台帳との突合せが必要となります。このような作業を救出現場で実施するのは、ほぼ不可能です。そこで、東日本大震災の文化財レスキューでは、まずは文化財をまとめて入れたプラスチック製の箱（テンバコ）の箱数でカウントすることとしました。テンバコに文化財を納める前に、全体の数量がわかるように1カットで写真を撮影し、テンバコに付与した仮番号とともにその写真データを管理することとしたのです。これにより、一時保管前の点数は、テンバコごとには把握できるようになりました。

　再び「整理・記録」の作業　もっとも、この作業には続きがあります。一時保管場所での管理ができるようになると、次は応急処置の作業へと活動は移っていきます。応急処置の作業は、いうまでもなく文化財一点ごとに何らかの処置を施すことになります。つまり、ここではじめて被災した文化財を個々に確認でき、再び「整理・記録」の作業をする機会を得ることができるわけです。そこで、あらためて救出した文化財一点ごとの写真撮影、マーキングや番号資料タグの確認と記録、そして資料台帳がある場合には、台帳との突合せ作業をおこなっていきます。

3.4 文化財レスキューにおける民俗文化財の応急処置

　汚損物質の除去を目的とした洗浄作業　文化財レスキューの3つ目の柱である応急処置は、被災した文化財の劣化を食い止めるための作業です。そして、次の段階となる本格修復までのあいだをつなぐための作業となります。

地震や水害などによる文化財の被災状態は、ほこりや汚泥、砂などがこびりついた表面の汚損が最初に観察されます。また、災害そのものの衝撃や、棚からの転倒、落下の衝撃による破損が確認されます。このうち表面を汚損するほこりや汚泥、砂などは、まずは目にみえる汚れとして除去する必要があることはいうまでもありません。一時保管場所では、応急処置を終えた文化財の保管にくわえ、前述した整理や記録の作業も合わせておこなうことから、完全ではないにせよ、ある程度の清浄環境を整えることが必要となります。また、この表面の汚損物質は、湿気を呼び込む作用もあることから、カビの発生を促進させる要因ともなります。さらに、これらの汚れは、文化財そのものの取り扱いを困難にし、整理作業などの活動を著しく阻害する要因になります。したがって、民俗文化財の応急処置で最初におこなうべきは、被災した文化財に付着している汚損物質の洗浄作業となります。

　必要最小限の作業　応急処置でおこなう洗浄作業は、必要最小限にとどめておきたいところです。少しでも多くの被災した文化財を救うためには、救出した文化財一点ごとに関わる時間をいかに少なくするかということも重要な要素となるからです。あまりにも丁寧な作業はかえって、救える民俗文化財の点数を制限してしまうことにもなるので、作業責任者は応急処置の程度をしっかり見極めながら、作業全体を監督することが求められます。そこで、わたしが作業責任者となって応急処置をおこなう場合は、大、中、小の三種類の刷毛、大、小二種類のブラシ、それに一種類の筆で構成した六種類の洗浄キット(図7.4)を用いることとしています。もちろん被災状況によっては、この種類が変わることもありますが、この洗浄キットで落とせる範囲の汚れだけを対象とし、それ以上の作業はあえておこなわないというルールで臨んでいます。日頃、博物館資料や文化財に携わっている学芸員や保存修復の専門家は、このような応急処置の方法に物足りなさを感じることもあるでしょうが、本格的な洗浄や破損個所の接着復元といった専門的な技術を要する作業は、次の保存・修復活動の段階でおこなうものと割り切ってもらうことにしています。

　東日本大震災での応急処置　それでは、応急処置の一例として、東日

本大震災で被災した民俗文化財の応急処置について紹介しましょう。東日本大震災で被災した民俗文化財の表面を主に汚損させていたのは津波による海砂でした。そして、この海砂はある程度乾燥が進んだら、刷毛などで十分に払い落とせるものでした。そこで、水は極力用いず、払い落としの作業で対応することとしました。また、前述したように洗浄キットで除去できる

図7.4　洗浄キット（筆者撮影）

ところまでという明快な判断基準で応急処置に臨んだことから、5月から11月の7ヵ月足らずの期間で、わたしが作業責任者となった現場だけでも約4,000点にも及ぶ大量の民俗文化財に応急処置をおこなうことができました。一方、東日本大震災で被災した文化財の大きな劣化要因として問題視されたものに、海水の塩分がありました。この塩分は、民俗文化財以外の文化財レスキューの応急処置でも共通した問題であり、出土遺物や自然史関係、古文書等の文化財には、塩分除去のための脱塩処理が施され、脱塩処理や被災文化財の取り扱いに関する情報について講習会が開催されたり、WEB上でその方法論や注意点が公開されたりしました[3]。もちろん、民俗文化財に対しても脱塩処理の必要性は感じていました。しかし、海水に飲み込まれた期間が限定的な津波被害のなかで、浸透した塩分が民俗文化財にとって脱塩処理をおこなわなければならないほどの劣化要因になるのかという疑問も抱いていました。実際に被災した民俗文化財の状態を観察したところ、2011年段階においては、脱塩処理をすぐにおこなわなければならないという状態は観察されませんでした。むしろ、脱塩処理をおこなった場合の問題点の方が大きいと感じていたのです。

　脱塩処理　民俗文化財はさまざまな形状や大きさがあり、素材も木材を

中心としつつも、金属や紙、漆塗りなどが含まれており、多様な素材で構成されていることが特徴です。また、大量の資料群として扱わなければいけません。したがって、民俗文化財の脱塩処理［増澤 2002：232-248］では、複数の構成素材の状態を注意深く観察しながらおこなうとともに、大量のものを処理できる大きな水槽、もしくは大量の水槽を用意しなければなりません。また、被災地は、脱塩処理後の民俗文化財を管理できる状況にあるのかという問題点もありました。木材を脱塩液に浸漬するということは、当然、処理後の乾燥が必要となってきます。大量に水を含んだ木材は一気に乾燥させると木材の収縮、変形、あるいは亀裂のような破損を引き起こしてしまいます。したがって、脱塩処理を実施した場合は、ゆっくりと乾燥させる場所が一定期間必要になってくるわけです。以上のことから、被災現場から救出し、広いとはいえない場所に仮置きすることが求められた一時保管場所で、それなりの作業面積を要する脱塩処理を実施することは難しいと考えました。そこで、東日本大震災でおこなった民俗文化財の応急処置では、基本的に脱塩処理をおこなわないこととしました。より緊急的に実施しなければならない津波による砂やヘドロの除去を中心とした洗浄作業を優先的におこなったのです。ただし、塩分に関する問題を棚上げにしたわけではありません。2011年は洗浄作業に専念すると決断した上で、2012年2月からは脱塩に関する予備実験を実施し、翌3月から本格的な脱塩処理について方法論を整理し［日髙 2015：99-114］、随時、宮城県を中心に技術指導をおこなっていきました(図7.5)。

　応急処置の手順と考え方のまとめ　　それでは、被災した民俗文化財の応急処置の手順と考え方[4]について、簡単にまとめておきましょう。民俗文化財の応急処置では、極力水を使わず、前述の洗浄キットで落とせるだけの汚れを落としていきます。ただし、泥が固着して簡単には落とせなくなっているものや、複雑な形状で隙間に泥や砂が詰まっている民俗文化財については、水槽に溜めた水のなかに浸け込んだり、流水したりしながら汚れを除去する水洗作業を選択する場合があります。この場合、作業場に水洗した民俗文化財を乾燥させる場所が整っていることが求められます。湿気が高い、乾燥させる場所がないという作業環境で水洗作業をおこなう

図7.5　脱塩処理の実技指導(2014年1月　和高智美氏撮影)

と多くの場合カビが発生し、その対応に時間を取られてしまうことになります。また、応急処置の考え方として留意すべきことは、より多くの文化財を取り扱える程度にまで安定させることです。そのためには、「どのような作業をまずはおこなうべきなのか」、そして「次におこなわれるべき本格的な保存修復へどのように引き継いでいくのか」を常に意識しながら、洗浄作業をはじめとする応急処置をおこなわなければなりません。

4　文化財レスキュー後におこなわれる被災文化財への支援

4.1 被災文化財の支援活動の工程

　8つの活動段階　これでまで述べてきた文化財レスキューで忘れてならないのは、文化財レスキューの対象となった文化財をその後どのように活かしていくのかということです。つまり、文化財レスキューは救出・一時保管・応急処置後もさらに作業が続くわけです。こうした文化財レスキューの工程について、わたしは次のように8つの活動段階を提示しています5)。

1. 被災：災害が発生して被害を受けた状況で、何も対処されていない状態。
2. 救出・一時保管：文化財を被災現場から運び出し、安全な場所で一時的に保管する活動。
3. 応急処置：ほこりや泥で汚れたり、壊れてしまったりした文化財がさらに悪い状態にならないためにおこなう作業。
4. 整理・記録：救出した文化財の点数や歴史的背景を確認し、記録する作業。
5. 保存修復：本格的な修復が必要と判断された被災文化財に対して保存修復の専門家がおこなう作業。
6. 恒久保管：所有者のもとに返却、もしくは、博物館などに預けて安全に保管するための活動。
7. 研究・活用：「整理・記録」や「保存修復」の過程でおこなわれる専門的な研究や、その成果が公開される活動。
8. 防災：支援活動全体を通して得られた教訓を生かし、次の災害に備えるための活動。

　これらの工程のなかで、これまで述べてきた文化財レスキュー活動は、1. 被災、2. 救出・一時保管、3. 応急処置の活動段階を経たことになります。つまり、これまで述べてきた文化財レスキューの活動は、被災した文化財に対して文化財的価値を有した本来の文化財に再生する作業ではないということです。

　誰が何をするのか　それでは、4から8の活動について誰がするのかということになるのでしょう。その主体はその文化財を有している所有者であり、所在している地域ということになります。しかし、所有者や地域だけで、極めて専門的な知識や技術を必要とするこれらの作業をすべて実施できるものではありません。やはり、ここには博物館の学芸員や研究者などの知識や技術支援が必要です。さらにはそれらの成果を展示活動へと展開していく際には、博物館の支援が必要となってきます。また、こうした活動では、文化財レスキューの対象となった文化財を再び地域の文化の象

徴として、地域住民に還元していくことを意識しなければいけません。被災した文化財は被災したことで、被災前の地域の文化の記憶を内包します。そして、この記憶は地域にとって、復興計画を立てていく際の材料、あるいは次の地域防災を考えるきっかけとなり、次の世代へ継承されていくものとなります。そこで次は、文化財レスキューの活動の成果を地域に還元する試みとしておこなった事例として、2007年の能登半島地震で被災した穴水町指定文化財「明泉寺台燈籠」の事例を紹介します。

4.2「明泉寺台燈籠」の活用にむけて――地域住民との語りから――

　所蔵先への返却のために　2007年3月25日に発生した能登半島地震で被災した「明泉寺台燈籠」は、被災後、わたしが所属する民博において3年間をかけて保存修復をおこないました。この間、さまざまな研究活動を展開し、2010年に所蔵先の能登中居鋳物館に返却されました［日髙 2010：4-15］。3年にわたる保存修復事業の間、わたしは、ほぼ毎月のように穴水町に赴き、返却場所となる能登中居鋳物館の環境調査をおこないました。これは、海岸近くに立地する当館がどの程度、海からの塩分の影響に曝されているのか、館内の温度湿度はどのように推移しているのかを明らかにし、保存修復でおこなう錆止め材料［日髙 2009：35-46］の効果期間を判断するためでした。

　子どもたちを対象としたワークショップ　このような現地での作業を進めるなか、地域住民である中居鋳物保存会の皆さんとさまざまな話をする機会に恵まれました。その際、中居鋳物の歴史的な背景や中居鋳物の文化継承の在り方がよく話題になりました。特に地域の子どもたちに中居鋳物の文化を理解してほしいという保存会の願いは、文化財の保存を考えることを職業とするわたしにとっても大いに共感できるものでした。そこで、「明泉寺台燈籠」の返却にあわせて、地域の子どもたちを対象とした関連ワークショップを企画することとなったのです。このワークショップでは、中居鋳物の文化について地域の子どもたちに体験を通してわかりやすく理解してもらうことを目的に掲げ、メニューを考えました。その結果、①中居鋳物の歴史的な背景を知ることができる紙芝居の紹介、②中居の集落に残る鋳物を見学する歴史散策、③中居鋳物保存会が継承する「たたら唄」の

指導、④中居鋳物を支えた塩釜が実際に使用されていた揚げ浜式塩田での製塩体験、⑤鋳物製作の基礎的な知識を得るための講義、⑥擬似的な鋳物体験および実際の鋳物製作の体験という6つの内容に整理しました。

「伝統文化子ども教室事業」　このようにワークショップの骨子を整理したあと、次は予算獲得のための活動を進めていきました。まず、本企画の主旨について、穴水町教育委員会と打ち合わせを重ね、全面的なサポート体制を構築しました。その上で、当時、文化庁が公募していた「伝統文化子ども教室事業」(以下、「伝統文化子ども教室」)に応募しました。「伝統文化子ども教室」とは、次代を担う子どもたちに対し、土曜日、日曜日などに学校や文化施設等を拠点とし、民俗芸能、工芸技術、邦楽、日本舞踊、武道、茶道、華道などの伝統文化に関する活動を、計画的、継続的に体験・修得できる機会を提供することを目的とした事業です6)。応募の結果、助成金を受けられることとなり、平成22年度事業「能登中居鋳物こども教室」として、実際の活動をおこないました。

4.3 伝統文化子ども教室「能登中居鋳物こども教室」の内容

　平成22年度(2010年度)に実施した「能登中居鋳物こども教室」は、7月から、11月初旬にかけての土曜日、日曜日を中心に12回にわたって開催しました。以下、当時の日報から簡単にその概要をまとめます。

- 第1回ワークショップは、7月4日に穴水町住吉公民館、および能登中居鋳物館で実施しました。参加者は17名。ワークショップの内容は、「中居の福鬼」と「間衛門騒動」という穴水町に伝わる民話の紙芝居を読み聞かせ、子どもたちに馴染みのある地名を織り混ぜながら、中居が鋳物の産地であったことを子どもたちに理解してもらいました。

- 第2回ワークショップは、7月31日に穴水町中居地区、中居南地区で実施しました。参加者は16名。ワークショップの内容は、中居地区から中居南地区に設けられた「さとりの道」を散策し、散策路に立地している寺社をめぐりながら、中居鋳物の梵鐘や燈籠を見学しました。

- 第3回ワークショップは、第2回ワークショップ「さとりの道」散策終

了後に実施し、穴水町住吉公民館、および能登中居鋳物館でおこない
ました。参加者は17名。ワークショップの内容は、鋳物の工程につ
いて疑似体験を通して学ぶものでした。ここでは、融点が摂氏150度
の低融点合金アロイを用いた化石のレプリカ製作をおこないました。
型を取り、金属を流し込むという鋳物の基本的な工程についての理解
を子どもたちにうながしました。

● 第4回ワークショップは、8月4日に珠洲(すず)市の奥能登塩田村で実
施しました。参加者は17名。ワークショップの内容は、中居で江戸
時代から塩釜が造られ、能登一円に中居の塩釜が貸し出されてきたこ
とや、塩作りの工程について学ぶものでした。

● 第5回ワークショップは、第4回ワークショップ終了後に引き続き、
奥能登塩田村で実施しました。参加者は17名。ワークショップの内
容は、奥能登で江戸時代、盛んにおこなわれていた揚げ浜式製塩につ
いて、塩汲みから塩釜による煮沸、実際に塩を得るまでの製塩工程を
実体験しました(図7.6)。このことによって、中居鋳物と製塩業との
密接な関係について学ぶことができました。

図7.6　製塩ワークショップ(2010年8月　筆者撮影)

● 第6回ワークショップは、10月4日に穴水町住吉公民館、および能登
中居鋳物館で実施しました。参加者は18名。ワークショップの内容

は、大阪府枚方市にある旧田中家鋳物民俗資料館学芸員の武知邦博氏を講師として招へいし、鋳物の種類についてアニメーションの映像から学ぶものでした。

- 第7回目ワークショップは、10月16日に穴水町住吉公民館、および能登中居鋳物館で実施しました。参加者は17名。ワークショップの内容は、富山県高岡市在住の鋳物工芸家の中村喜久雄氏を講師として招へいし、砂型を利用したスズ製のブレスレット作りを体験し、鋳物製作の体験をおこないました。

- 第8回、第9回ワークショップは、10月27日と10月29日に穴水町立向洋小学校で開催しました。参加者は両日とも19名。ワークショップの内容は、中居民謡保存会により、穴水町無形民俗文化財「中居たたら唄」の指導がなされ、中居鋳物の製作過程で唄われていた作業唄を習得しました。

- 第10回ワークショップは、10月30日に穴水町住吉公民館、および能登中居鋳物館で実施しました。参加者は18名。ワークショップの内容は、能登中居鋳物館の見学のあと、第3回、第4回ワークショップで製作した化石のレプリカや第7回ワークショップで製作した鋳物のブレスレットの展示準備をおこないました。

- 第11回ワークショップは、10月31日に能登中居鋳物館で実施しました。参加者は18名。ワークショップの内容は、前日の第10回目のワークショップで展示の準備をおこなった化石のレプリカや鋳物のブレスレット、「能登中居鋳物こども教室」の事業紹介のパネルの展示をおこないました。

- 第12回ワークショップは、11月3日にのとふれあい文化センター、能登中居鋳物館で実施しました。参加者は19名。ワークショップの内容は、能登中居鋳物保存会の指導のもと、穴水町文化祭に参加して、第8回と第9回ワークショップで練習した穴水町無形民俗文化財「中居たたら唄」を披露しました。また、住吉文化祭に第3回、第4回ワークショップで製作した化石のレプリカや第7回ワークショップで製作した鋳物のブレスレットを展示しました。

4.4 伝統文化子ども教室「能登中居鋳物こども教室」の成果

　未来の担い手としての「子ども」　「明泉寺台燈籠」の返却前のワークショップとして「能登中居鋳物こども教室」を企画した際、わたしはその対象を「子ども」としました。それは、過去の地域文化を継承する未来の担い手として、「子ども」を位置づけているからです。

　「明泉寺台燈籠」を生み出した中居鋳物という産業は、大正時代に廃絶し、もはや、「明泉寺台燈籠」をはじめとする過去の作品からでしか、その痕跡を感じることができません。しかし、中居鋳物で培われた技術はその後、左官業へと受け継がれていきます。したがって、中居鋳物の技術は、完全になくなったのではなく、違う形として生まれ変わったともいえるのです。このような変遷は、そこにくらす人びとの営みを表象する「生活文化」の継承という観点でいうならば、否定するものではありません。むしろ、緩やかな時間軸で生じた未来志向型の文化変遷として積極的に評価されてもいいのではないかと考えます。

　記憶装置としての地域博物館　一方、災害という地域の文化や生活そのものを一気に破壊してしまう事態に対して、そこで生じる文化の変化については注意しなければなりません。過去の経緯を無視した生活の場の復興は、なんらかの矛盾を引き起こすことを、わたしたちはこれまでの経験からすでに体験しています。だからこそ、地域に根差す博物館は、その地域の歴史を表現する記憶装置として、その地域で連綿と受け継がれてきた文化を表象する必要があるのです。このような観点からわたしは、「能登中居鋳物館」という記憶装置を介しながら、これから地域を担っていく子どもたちに、中居の文化について体験してもらいました。そして、3年をかけて修復した「明泉寺台燈籠」を地域文化の象徴として、あるいは能登半島地震の記憶装置として受け継いでもらいたいという願いを込め、文化財レスキューの成果を地域に還元することを目的とした活動を展開したのです。

5　結び

　本章では、「災害支援から考える地域文化と博物館」として、被災した文

化財の支援活動である文化財レスキューの概要をとりまとめ、地域文化の象徴となる被災文化財の活用事例を紹介しました。

　文化財レスキューの概要では、文化財を取り扱うことを職業としている博物館学芸員の果たす役割の重要性について強調しました。被災した文化財は一見、がれきと見分けがつかない状態となっています。しかしながら適切な処置をおこなっていけば、ほとんどのものが文化財的価値を取り戻せます。その時に、博物館学芸員はその価値を再生させる原動力となり、そのような文化財をきちんと管理していく役割を博物館は果たせます。

　次に地域住民に地域の文化財の意義について、「文化財が地域社会の必須アイテムであり、日常生活と一体化したものである」という点を具体的に示すため、「明泉寺台燈籠」の事例を紹介しました。ここでは、被災文化財を単に形状を復元するための修復で終わらせるのではなく、むしろ修復という機会を利用して、被災前よりも地域がその文化財を感じられる仕掛けづくりとして、能登中居鋳物資料館という博物館が拠点となった「能登中居鋳物こども教室」というワークショップの事例を取り上げました。この体験は、その後にわたしが参加した文化財レスキューにおいて大きな影響を与えています。つまり、災害から救出した文化財が内包している地域文化について、どのように地域の人びとに伝えていくのかという点を意識した活動こそが文化財レスキューだと考えるようになったのです。

　近年、観光資源の観点から地域文化の活用が大きな注目を集めています。日々の生活のなかでは埋没している地域文化がどのような形であれ、掘り起こされ、再発見されること自体は悪いことではありません。しかし、その地域文化を継続的に資源化していくためには、まずは地域において十分に理解される機会が必要であり、そこに果たす博物館の役割、学芸員の役割は大きいのです。

　　注（より理解を深めるために）
　1）　国立民族学博物館がおこなってきた支援活動については、「国立民族学博物館友の会」の機関誌である『季刊民族学』の138号、142号、148号を参照されたい。

2)　文化財保護法の第2条には、文化財の定義が6項にわたってまとめられている。

3)　東京文化財研究所では、東日本大震災における津波の塩分等への対応について下記URLにおいて、方法や注意点について有益な情報を提供している。（以下、最終アクセス2021年10月26日）

　　https://www.tobunken.go.jp/japanese/rescue/20120424-2.pdf
　　https://www.tobunken.go.jp/japanese/rescue/20120424-1.pdf
　　https://www.tobunken.go.jp/japanese/rescue/20120319.pdf
　　https://www.tobunken.go.jp/japanese/rescue/111212.pdf
　　https://www.tobunken.go.jp/japanese/rescue/110829.pdf
　　https://www.tobunken.go.jp/japanese/rescue/110706.pdf
　　https://www.tobunken.go.jp/japanese/rescue/110706.pdf

4)　被災した民俗文化財の応急処置の手順と考え方については、下記URLにおいてWEB公開がなされている。

　　https://sitereports.nabunken.go.jp/ja/91502　最終アクセス2021年11月6日

5)　被災文化財の支援活動の工程については、下記URLにおいてWEB公開がなされている。

　　https://older.minpaku.ac.jp/museum/exhibition/thematic/rekishitobunka/index
　　　　　　　　　　　　　　　　　　　　　　最終アクセス2021年11月6日

6)　「伝統文化子ども教室事業」は、平成22年度をもって終了している。

参考文献

東京文化財研究所内東北地方太平洋地震被災文化財等救援委員会事務局（編）［2012］「宮城県文化財レスキュー進行状況一覧表」『東北地方太平洋沖地震被災文化財等救援委員会の平成23年度活動報告書』pp.278-287

日髙真吾（編）［2012］『記憶をつなぐ——津波災害と文化遺産』千里文化財団

日髙真吾［2009］「民俗文化財の防錆処理に用いる不乾性油の可能性」『近畿民具』第31/32号、近畿民具学会、pp.35-46

日髙真吾［2010］「被災した民俗文化財「明泉寺燈籠」の研究」『民具研究』141号、日本民具学会、pp.4-15

日髙真吾［2015］「東日本大震災で被災した民俗文化財の脱塩処理に関する一考察」『民具研究』第152号、日本民具学会、pp.99-114

文化財保存修復学会（編）［2000］『文化財は守れるのか——阪神・淡路大震災の検証』クバプロ

増澤文武［2002］「民俗文化財」京都造形芸術大学（編）『文化財のための保存科学入門』角川書店、pp.232-P248

読書案内

日髙真吾[2015]『災害と文化財——ある文化財科学者の視点から』千里文化財団

加藤幸治[2017]『復興キュレーション——語りのオーナーシップで作り伝える"くじらまち"』

日髙真吾(編)[2021]『継承される地域文化——災害復興から社会創発へ』臨川書店

第8章

原子力災害被災地域における民間資料の保存と活用

渡 辺 浩 一

1 問題提起

　1995年の阪神淡路大震災以降、幾つもの日本の被災地では資料保全活動が行われてきました。その具体的な中身は後から述べる通りですが、その中でも福島原発事故の被災地、つまり放射能によって汚染されてしまった地域に関しては、原子力災害特有の状況の中で活動が行われました。

　理不尽な理由で人が住むことができなくなった地域において「地域文化の可能性」はどのようにありうるのか、そういう問題をここでは考えます。

　そのため、この章では、福島原発事故の被災地域で行われている民間資料の保存と活用について紹介します。第一節では、2011年の福島原発事故のことを少し思い出していただきます。それから第二節では、その後に現在も行われている資料の保全活動について述べます。第三節では、資料の保全活動の次に地域社会で、本章の場合は原発事故の被災地でということになりますが、そこでどのように資料を活用しているかということを述

べます。

　なお、本章は2018年9月時点のことを書いたにすぎず、いくつかの点で情報が古くなっていることをあらかじめお断りしておきます。

2　原子力災害とその現状

2.1 福島原発事故

　水素爆発　2011年3月11日に東北地方太平洋沖地震によって茨城県から青森県まで津波による大きな被害が出ました。福島第一原子力発電所では、津波に襲われて原子炉自体は緊急停止しました。しかし、燃料棒が高熱を持っていますので、冷やし続けなければいけなかったわけです。ところが、津波によって配電盤が水に浸かったということと、非常用発電機も水に浸かってしまったので、電源がなくなり、原子炉を冷やす水が循環できなくなりました。その結果、3月12日に1号機、14日に3号機、15日に4号機で水素爆発が起き、原子炉を覆っている建屋が破壊されてしまいました。

　避難指示　その後どうなっていったかというと、原子炉を冷やすことができないために危ない状態であるということは、もちろん水素爆発の前から分かっていたので、避難指示が出されました。最初は3月11日20時50分に半径2キロメートルの範囲が避難指示区域に指定されました。その30分後に区域が3キロメートルに拡大され、さらに翌朝(12日5時44分)には10キロメートルに拡大され、その晩の18時25分、つまり1号機が爆発した後は20キロメートルまで避難指示区域とされました。つまり、わずか22時間の間に急速に避難指示区域が拡大していきました。

　図8.1は避難区域の図です。。この20キロメートル、30キロメートルというのは当初の警戒区域を表しています。最初はこういうふうに同心円状に避難地域というのが設定されていたのですが、実はこの時に風は南南東方向から吹いていたので、爆発により大気中に浮遊している放放射性物質は風に吹かれて北北西方向に拡散しました。そのため、その後区域の設定が変わりました。警戒区域は20キロメートル圏内ですが、その外側の

北北西方向は「計画的避難区域」、それから計画的避難区域を除く20キロメートル圏の外側は帯状に「緊急時避難準備区域」とされました。

「帰還困難区域」の設定　住んでいる人々は、地震の翌日には福島県の中通りという内陸のほうに既に避難しており、その後それぞれに避難先を見つけてあちこちに住むようになりました。その後、2013年5月28日に「帰還困難区域」が設定されます。図8.2の通りです。ここは放射能にかなり汚染され、すぐには住むことができるようになる見込みがない地域とされてしまいました。その外側の地域はある程度除染されれば住めるようになる地域とされたのです。

2.2 人と資料への影響

　その結果、この地域に住んでいる人々とその資料にとっては、どういうことが起きていたかということをこれから述べます。この帰還困難区域に住んでいた人々にとっては、避難したといっても、それはもう避難ではなくなるわけです。移住しなければなりません。

　のちに詳しく説明します双葉町は、図8.2に見るように町域のほとんどが帰還困難区域に指定されてしまいました。そのため、住民の方々は東日本を中心に全国へ散在することになります。住んでいた方は双葉町に自分のもともとの住居がありますから、そこには色々な物があります。その中にはその人の最近の文書もあれば、あるいは古い家であれば、江戸時代以来の何百年も前の古文書も持っている家もあります。当然のことながら、それらは全てそこに置いておかなければならなくなります。そのために、人と地域資料が分断されてしまったというふうに、本書の文脈のなかでは表現できます。

　さらにより深刻なのは、地域社会が崩壊してしまったということです。もとの住民の方々はバラバラにつてを頼って避難したので、住んでいた場所を基礎とした人と人とのつながりは断ち切られてしまうという、そういう状態が起きました。

図8.1　避難区域（福島県庁HPより）

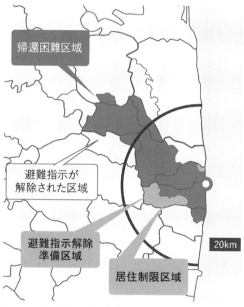

図8.2　帰還困難区域（通商産業省HPより）

2.3 2018年の現状報告

　立ち入りが制限される　この帰還困難区域というのは、自由に立ち入りができないという意味でもあります。その後、表面の土を剝いでいくという除染作業が集落や道路沿いに限定して行われました。この作業によってある程度放射線が下がると、一時的に帰宅しても良い状態になります。現在(2018年)は基本的に毎日行ってもいい、住むことはできないけれども、行くことはできるという状態になっています。ただ、誰でも自由に入れるわけではなく、もともと住んでいた人はもちろん入れます。それ以外には復興の工事で入る人とか、あとは私たちのように調査する立場の人間のみが入ることができます。その手続きは、あらかじめ届け出ておき、帰還困難区域の境界にある検問所で身分証明書を見せ、届け出た名簿と照らし合わせ、確かに本人であるというチェックを受けて入るというのが2018年現在の状態です。ただ、そのような中でも地域社会の再生への人々の努力が続いています。

　放射能汚染水・汚染土　図8.3は2018年の9月に撮った写真です。これは福島第一原子力発電所に比較的近い場所で、原子炉を冷却したあとの放射能汚染水を海に流さないようにするためのタンクです。最近はあまり報道がなくなりましたが、空からの映像で福島第一原発の周りに汚染水のタンクが数百並んでいる様子が時々マスコミにも出ています。それを間近に見ると、このように見えるということです。高圧線の向こう側辺りに、原子力発電所があります。手前の緑色のシートに覆われているものは、放射能汚染土です。汚染土を黒いフレコンバッグに詰め込んで、三段ぐらいに積み上げ、その上にビニールシートが掛かっています。これは表面の土をはがして袋に入れ、ここに取りあえず積んであるものです。双葉町辺りは、こういう物があちこちに積み上がっています。これは比較的管理のいいほうで、もう少し原発から離れた所になると、シートが掛かっておらず、黒い大きなフレコンバッグが三段積み上げられているのを、あちこちで目にすることができます。

図8.3　放射能汚染水タンク(筆者撮影)

2.4「中間」貯蔵施設

　放射性廃棄物の処分　図8.4は、放射性廃棄物の中間貯蔵施設を建設し
ている現場です。原発の事故に伴って、大量の放射性廃棄物が出たわけで
すが、それをどこに持っていくかということが大問題になっています。そ
の中間貯蔵施設が福島第一原発の周辺に造られることになってしまいまし
た。放射線の比較的高い所で、いずれにせよ人間が住めないので、放射性
廃棄物を置いてしまおうという発想なのでしょうが、もともと住んでいた
人々にとっては、かなりとんでもない話です。しかし、結局はそうなって
しまいました。「中間」と言っているのはどういう意味かというと、日本政
府では放射性廃棄物の最終処分場を造る計画になっているわけですが、も
ちろんそれを受け入れる自治体などは、どこにもありません。2年ぐらい
前にそういう計画が発表されてから止まっているのではないでしょうか。
新聞報道が全くないように思いますので、現在は要するに宙ぶらりんの状
態なのでしょう。つまり、最終処分場が決定されないまま中間貯蔵施設が
できて、そこに放射性廃棄物が堆積されているというのが現状です。「中
間」と言っていますが、「最終」になってしまう危険性はかなり高いかもしれ
ません。ですから、これも深刻な問題です。

図8.4　建設中の中間貯蔵施設（筆者撮影）

2.5 双葉町の復興計画

　多様な公共施設の建設へ　ただ、それでも何とか使える残った小さな土地で何とか復興していきたいというのが、この双葉町です。双葉町の復興計画を図8.5に示しました。右下の黒い部分が福島第一原子力発電所の敷地です。その周りの灰色の部分が中間貯蔵施設予定地です。この中間貯蔵施設の予定地の北側から、駅や鉄道沿いにかけての場所を、これから使えるようにして、多様な公共施設を造っていこうとしています。

　まず、2018年度には、①の中野という所に産業団地を整備します。その次に2019年度では、図8.5の③に新しく常磐自動車道のインターチェンジを新しく作って、そこから東方向に道路を走らせます。これを「復興シンボル軸」と言っています。①の産業団地もこの道路沿いにあります。さらに、②の場所ではJR双葉駅と自由通路の整備も行われます。

　2020年度には、⑤産業交流センター、⑥アーカイブ拠点施設、⑦復興祈念公園を整備して、さらにその翌年度の2021年度に、駅の西側に住宅団地を整備し、2022年に双葉町への帰還開始を目指したいということです。その時の目標の人口は2,000人です。ちなみに2010年の国勢調査の人口では、7,000人弱ですので、これは割と現実味のある控えめの数字にしてあります。

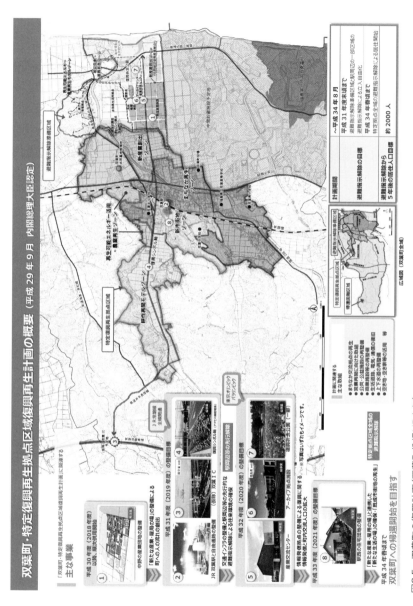

図8.5　双葉町の復興計画（双葉町役場HPより）

　町民へのアンケート　毎年「もともと住んでいた所に戻りたいですか」というアンケートを町民にとっています。希望している人の割合を考えて多分2,000人という数になったのでしょう。もともと住んでいた所に戻りたいと言っている人は、震災直後はかなり多かったのですが、なかなか復興の見通しが立たない状況が何年も続いてしまったので、その間にやはり避難先で定着してしまって、だんだん戻る気持ちがなくなっていくという現象が起きました。そのため、今は2割か3割ぐらいの方しか希望されていないという状況になっています。そもそも東京電力が廃炉を決定したのは、やっと2017年だったという変な対応もされていますので、住民が戻りたいというふうにはなかなか思えない状況がずっと続いてしまったということなのでしょう。ただ、今年のアンケートでは、戻りたいという人が3%ぐらい増えたので、少し反転している。少しだけ明るい状況が見えてきたからではないでしょうか。

3　被災資料保全活動

3.1 被災資料保全活動とは

　歴史資料の保全　ここからが本題です。被災資料保全活動というのは、どういう展開だったかということを述べます。1995年の阪神淡路大震災の直後に、歴史資料、例えば家の古文書とか、あるいは現在の個人や団体の文書、そういうものが大量に失われようとしている状況が生まれました。そのことに、神戸大学の奥村弘さんが気が付きまして、「歴史資料ネットワーク」というボランティア団体を作りました。そこがかなり充実した活動をして、阪神淡路大震災に関しては、非常にたくさんの分量の、放っておいたら消滅してしまったであろう歴史資料が保全されたのです。

　文化財レスキュー事業　この歴史資料ネットワークだけではなくて、日本の文化庁でも、文化財レスキュー事業というのを立ち上げまして、こちらは博物館とか美術館とか、そういった所が中心でした。実は私もこの時に、この文化財レスキュー事業として、阪神淡路大震災の被災地に、二泊三日で二度ぐらい行っています。そこで、旧家の土蔵の中の物を博物館に運び

出す仕事のお手伝いをしたことがありました。この資料ネットと文化財レスキュー事業の二本立ての枠組みというのが、その後もずっと続いています。

　　各地の保全活動　一方、2003年に宮城県北部地震が起きています。そんなに広い範囲で被害が出たわけではありませんが、局地的にはかなりの被害がありました。そこで仙台に「宮城歴史資料保全ネットワーク」が、東北大学を事務局にしてできました。私は実は東北大学の出身で、知り合いが沢山いたので、この創立当初からの会員ではあります。ただ、仙台に住んでいないため、あまり活動には参加していません。ただ、2004年か2005年ぐらいに、1回参加したことはありました。その翌年に2004年の新潟県中越地震が起きました。これはかなり規模が大きかったので、全国的にも報道されていました。その後に、新潟大学を中心として、「新潟歴史資料救済ネットワーク」ができました。その後2011年に東日本大震災があって、その時に福島と茨城と山形で、やはり同様の組織が作られました。最近ですと、例えば2016年の熊本地震の時は、「熊本被災史料レスキューネットワーク」ができました。2018年の西日本豪雨では、国立大学の歴史の研究室を中心とした資料ネットが、既に愛媛や岡山、あるいは山陰で存在していましたので、そういった団体が、こちらの場合には、水損した公文書だとか古文書を何とか保全するという活動が現在でも進んでいます。そういった活動が、福島原発被災地でも行われたということです。

3.2 保全の対象

　　災害資料と被災資料　ここで、保全している対象がどういう物なのかという説明が必要です。それには2種類あります。1つが災害資料、もう1つが被災資料です。

　　災害資料というのは、災害それ自体に関する資料です。例えば東日本大震災ならば、東日本大震災それ自体の記録という意味です。その中身は何かというと、まず第一には自治体の公文書などがあります。役場が壊滅してしまった自治体では、保全すべき公文書が存在しないという所もありました。それから避難先役場の公文書というものもあります。福島原発被災地では、役場ごと避難先に移動したので、例えば双葉町は埼玉県に役場が

あった時期がありましたから、そういった所の文書も含めて東日本大震災の記録の一部になるわけです。

　ただ、そういうものは役場という比較的しっかりした組織があるので、文書が残る可能性は相対的には高いのです。残りにくい例としては、避難所資料があります。これには普通の文書も含まれますけれども、震災当時は模造紙にマジックで書いたりした物を掲示するという伝達手段が非常に有効でした。避難所では当然電源もありませんし、大きなプリンターで奇麗な掲示物を作るなどということもできません。そのため模造紙にマジックで書きこんだものがあります。中には調理パンの包装紙まで保存している例があります。それは阪神淡路大震災の際に大災害直後の避難所で、朝晩毎日調理パンばかり食べていたことを、物として残したいということから、保存されることになりました。ですから、普段はただのごみにしかなりませんけれども、そういうコンテクストがあると、保全すべき資料になるといった例です。そういうのも、保全の対象になる可能性があるということです。さらには個人資料もあります。個人が持っているさまざまな資料です。

　2つ目の被災資料というのは、これは私の表現ですが、災害の影響を受けた資料ということです。それは例えば津波をかぶれば海水で濡れます。それから本章の話だと放射能を帯びてしまうとか、あるいは燃えてしまって焼け焦げが付いているとか、いろいろあります。あとは物理的に破れたり、落ちたりすれば破れたり破損したりすることもあります。そうした損害を受けた資料も含めて、被災地の多様な組織・団体や個人が蓄積してきた資料を被災資料と言います。

4　双葉町小学校における災害資料の保全活動

4.1 双葉町小学校の様子

　7年の歳月　以上が災害を受けたあとに保全すべき資料の概略です。これから具体的な例の紹介になります。2018年9月に双葉町の小学校を訪れたときの例を挙げます。双葉町には小学校が2つあります。南小学校と北

図8.6　校舎前（筆者撮影）

図8.7　校庭（筆者撮影）

小学校です。叙述の都合上二つの小学校の写真を組み合わせて紹介していきます。最初の写真（図8.6）は打ち合わせの風景で、放射線防護服を着ている人もいますけれども、2018年現在では実は着る必要がほとんどなくなっています。ただ、作業をしていますと色々な埃や塵がどうしても付くので、皮膚は出すなという注意でした。それから有害な物を吸い込まないようにマスクも着けています。人物の背後は校舎です。ちょうど小学校の正面の玄関の所で、これだけを見ていると、そんなに普通と変わらないようにも見えます。しかし、校庭の方に行くと、図8.7のように人間が全然入らないので、雑草がはびこっています。この写真ですと何なのか分からないと思うのですが実は恐竜のオブジェです。空き缶で作られています。双葉町というのは、フタバスズキリュウという恐竜が発見された所なので、その大きなオブジェが置かれました。それがこういうふうにつる草で覆われてしまっています。7年の月日を感じさせます。

4.2 寄せ書き

　寄せ書きも災害資料　2018年9月の収集の対象は、当時の小学生たちが書いた寄せ書きでした。模造紙に書かれた寄せ書きです。これは、2011年8月に作られたということです。子供たちは親についていって東日本の各地にバラバラに避難しているので、集まる機会を作るために、会津でサマーキャンプをやって、その時に寄せ書きを書いたというものです。それを双葉小学校の先生がこの学校に貼りました。だから、6年間ぐらいこの学校に貼ってあったわけです。2018年になって、その当時の6年生が次の年に成人式を迎えるので、その成人式に子供たちが来た時に、これを見せたいという話が出ました。参考文献に出ている白井哲哉さんという筑波大学の先生がその話を聞いて、「じゃ、回収しましょう」ということになって、回収して回るというのが今回の作業です。これは6年生の寄せ書きです。大きい字で書いてあるものは将来の夢が書いてあって、薬剤師になることとか、パティシエのシェフになりたいとか、あと渋谷109にお店を開くとか書いてあります。女優になりたいというのもあります。「早く双葉町に戻りたい」ということも書いてあったりします。これも災害資料の一

例です。

4.3 机と黒板

　机と黒板も災害資料　教室のなかは、基本的に2011年3月11日のままに
なっています。その後人がほとんど入っていなくて、この建物を何かに使
うという目的もないので、子供たちの持ち物がそのままありました。推測
ではありますが、基本的にどこの学校の避難マニュアルも、避難するとき
は物を持つなということになっているはずなので、恐らくそのとおりに行
動した結果、こういう状態が残ったのでしょう。机の上には鉛筆がそのま
ま置いてあり、それぞれの子供の机の右上に色々な目標を書くことになっ
ているらしく、朝のマラソンを頑張るとか、その当時の日常が書いてあり
ます。こういうものを見ていますと、地震と津波と原発事故がそういう日
常を突然断ち切ってしまったということを実感させられます。

　ある教室の黒板には「地震が来ても落ち着いて」あるいは「助かる」とか、
さまざまなことが書いてあります。さらに、黒板の左側の方には、「落ち着
いて行動する」と大きく書いてあります。これらは恐らく地震直後の待機
中か、あるいは3月11日の夜、この学校は避難所になりましたので、その
時に書かれたかどちらかと思われます。3月11日の夜というのは、大きな
余震が何回もありましたので、そういった中で書かれたのかなというふう
に推測しています。このように紙ではない物に書かれた資料も保全すべき
対象です。実物は保全できないので写真に記録しておきます。

4.4 避難所と卒業式の準備跡

　トイレも卒業証書も災害資料　トイレの前には、段ボールの組み立て式
トイレが沢山置いてありました。避難所を開設するために非常用のトイレ
の準備をしていたと推測します。ホワイトボードには、「避難してきた方は、
地区名・名前を書いてください」と書かれていて、避難所が開かれたこと
がわかります。しかし、冒頭でお話ししたように避難指示区域が急速に拡
大したために、3月11日の一晩だけの避難所で、その後は全員退避しなけ
ればいけなかったので、これがそのままここに置かれたのでしょう。こう

した物品は保管しておくことができないので、写真で記録に残します。

　体育館のほうに行くと、卒業式の準備がそのまま残っていました。紅白の幕も張られていますし、演壇があって、奥に国旗と校旗が掲げられています。演壇の上には練習用の卒業証書が、そのまま置かれていました。この練習用の卒業証書も、その置かれていた場所と状況というコンテクスト情報を伴うと、立派な災害資料となります。

　災害の教訓を学ぶ材料　小括をここでしておきます。災害資料というのは、災害時あるいは災害後に住民や行政が何をしたのかということを、まず明らかにすることができるわけです。また、先ほどの黒板の板書にもあったように、人々がその時にどのように感じ、どのように考えたかということも明らかにすることができます。したがって、住民にとっては、災害の教訓を未来に伝える材料になります。これは地域住民だけではなくて、私たちのような被災地の外のさまざまな人々にとっても、災害の教訓を学ぶ材料になります。

　何を保全すべきか、あるいは何を記録すべきか。持ち出せる物は保全できますけれども、持ち出せない物は写真に撮って記録することになります。その対象をどういうふうに選ぶかということが問題になります。白井哲哉さんは「未来における潜在的な有用性から現在の資料を評価する必要がある」という言い方をしています。

　災害への対応を研究する材料　この言葉に付け加えたいことが一つあります。災害資料は教訓をくみ取るための素材になるだけでなく、災害への対応を研究する専門分野の材料に当然なります。ただ、このことはあまり語られないように思います。なぜなら、東日本大震災では、専門的な研究者に対する疑念というものが一般市民の間にかなり大きく出てきているので、恐らくそういう雰囲気から、こういう研究材料になるといったようなことは書かれなくなっていると推測します。ただ、実際には、そうなっていると思います。以上が災害資料の一例です。

5　旧家の被災資料の保全活動

5.1 二つの旧家

　井戸川家と今村家の古文書　次に、被災資料のほうの例を紹介します。旧家の古文書の例です。私はこの活動に2回参加しております。それは2017年の9月と2018年の9月です。対象となっている資料は、双葉町の井戸川家文書と今村家文書です。この2つの家は、江戸時代ではいずれも相馬藩の在村の武士でした。江戸時代では、武士は全員城下町に住んでいて、村には百姓しかいないというのが、教科書に書いてある話です。しかし、そうではない地域も実は日本全国の3分の1ぐらいはあって、相馬藩の場合も村に武士がおり、その武士たちが行政的な仕事もしていました。今村家のほうは、明治期の当主が日清戦争に従軍していて、その次の当主というのは郡会議員でした。現在の日本の郡というのは、ただの地理的な区分ですが、1925年までは行政的な単位として郡が存在していたので、そこに郡役所もあって、郡会という議会もありました。一方、井戸川家は、明治の初めに磐前県という福島県が成立する前に短期間あった県の役人をしていたと聞いています。

5.2 作業の場所と段取り

　いわき市内での作業　作業場所は、双葉町のなかは許可を得ないと入れませんので、いわき市の勿来という所にある双葉町の公民館で行われました。これは、建物としては地方銀行の支店だった所が、銀行が撤退して空きビルになっていたために、現在双葉町の公民館として使われているということです。なお、双葉町役場というのは、現在はいわき市内にあります。双葉町の公的施設は、当然双葉町にはあり得ませんので、隣接の地域にあるという中で復興計画も立てられ、資料の保全活動も行われているのです。

　資料保全活動の概略　まず、資料が帯びている放射線量の確認が、原発被災地では行われています。危険ではないレベルの放射線を発していないことを線量計で確認するというのは、作業者の安全と安心のためにはやはり必要で、このグループでは650cpm以下を基準にしています。ちなみに

図8.8　クリーニング（白井論文から転載）

図8.9　番号付け（白井論文から転載）

図8.10　リスト作り（白井論文から転載）

文化庁の文化財レスキューでは1,300という値なので、それよりも半分の所に設定しています。

　このあとは、原発被災地ではない所でも行われていることです。まず、ドライクリーニング・ボックスのなかで資料のクリーニングをします（図8.8）。これは段ボールの組立式になっていて、ごみや埃が飛び散らないように奥にHEPAフィルタ付き空気清浄機が動いています。

　別のキットですと電気掃除機につないで埃が吸い込まれて行くような仕組みになっているものもあります。作業者が埃を吸い込まないようにするためのものです。

　図8.9が、古文書1点1点に番号を付けて封筒に入れるという作業になります。以上の作業は、実は古文書が読めなくてもできるので、沢山の人に手伝ってもらうことができます。

5.3 被災資料の整理

　資料のリスト化　図8.10では、資料カードを作成しています。左下に古文書が少し写っていますけれども、これをざっと読んで、タイトルや作成者をカードに記入し、作成年月日を1点1点記録してリストにしていくという作業です。このリストがないと、どういう資料があるのか分からな

いので作る必要があります。そのリストを用いることによって、この地域の歴史を研究することが初めてできるようになるのです。

　地域資料活用の第一段階　古文書にあまり馴染みがない方のために、基本的なことを説明します。古文書というのは家を単位にだいたい存在しているもので、その点数は多い場合は1万点を超えるものも珍しくはありません。今回私が2回ほど立ち会った2軒の家は、おそらく2,000点から3,000点ぐらいになります。そこから地域の特徴的な過去の生活が復元できるわけで、研究者はそれを明らかにして、講演会などで住民に伝えるというのが地域資料活用の第一段階です。

　地域資料活用の第二段階　この古文書の整理というのは、最初に白井さんたちが手掛けられた家については整理が終わっているので、講演会などで、古文書の内容を地域の人たちに伝えるようなイベントが何回か既に行われています。ただ、理想を言えば、古文書の整理への住民参加が望ましいと思います。それが地域資料活用の第二段階です。また、原発被災地の場合は、ここで説明しているようなこれらの作業は、離散してしまった住民をつなげていく材料にするための基盤整備になっているのだろうと思われます。

　まとめて言うと、古文書を検索するためのリストを作成し、古文書を読解し、地域の歴史を明らかにする、それを専門家が住民や地方自治体と協力しながら行っていくということが、現在行われており、これからも求められるのではないかと思います。

6　地域資料の活用

6.1 浪江町請戸地区

　次に、古文書を地域社会で活用する例を紹介します。今度は場所が変わりまして、それは浪江町請戸地区です。双葉町の北側にあります。図8.11は鳥瞰図になっておりまして、これ全体がだいたい浪江町のイメージです。請戸地区は海に面しており、港があります。左側のほうが双葉町になります。そういう位置関係です。この請戸地区では、2018年に『大字誌　ふる

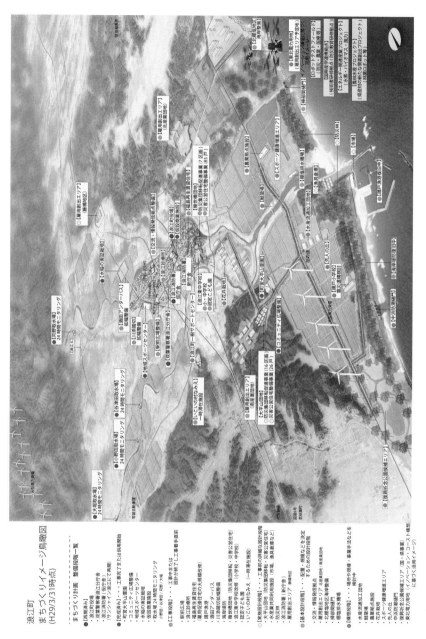

図8.11 浪江町の復興計画（浪江町HPより）

180

さと請戸』という本が作られました。

6.2 経緯

　大震災以前の地域を記録・記憶したい　地区の歴史の本が作られる前提状況としては、この請戸地区が、移転促進地域に指定されたということがあります。帰還困難区域ではありませんが、防災林とか復興祈念公園を造るという計画が立てられ、かつて住んでいた人々がそこに戻ってくることができないということになっています。したがって、もう住むことができないということが1つの大きな理由としてあって、それから景観も大きく変わってしまうということもあったので、何とか大震災以前の請戸の地域を記録に残したい、記憶に残したいということから、地区の歴史の本を作りたいという話が、住民の方々から発案されたそうです。直近の過去のことについては、比較的住民自身で何とか本を作ることができますが、それ以前の歴史に関しては専門家に頼まなければならず、なかなかすぐには動き出すことにはならなかったようです。そういう状況のなか、たまたま被災資料保全活動のために歴史研究者の何人かがこの地域に入っていたので、そこから人のつながりができて依頼することになりました。ですから、これは歴史研究者が作ろうとした本ではなくて、住民自身が作ろうとした本で、それに歴史研究者がお手伝いしたというものです。地域に住民が存在し生活していた証を残したいということ、それが動機です。

6.3『大字誌　請戸』の内容

　大ざっぱな内容は、3つに分かれていて、第一部が「郷愁編」です。ここでは、「請戸のこえ」というタイトルになっていますけれども、住民20人からのメッセージに加え、写真が非常に

図8.12　『大字誌　請戸』表紙

図8.13 『大字誌 請戸』部分

多く使われています。第二部が「歴史編」、古代から近代までの概説が並び
ます。それに加えて、江戸時代に関しては、ここに現在は漁港となってい
る港が、東廻り海運といって、江戸に向けてお米をはじめとするさまざま
な物資を運んでいく、江戸時代の有名な航路があり、その寄港地の1つが
この請戸の港だったので、「近世の請戸湊」という章が設けられています。

　日本では自治体史といって、各地で例えば『鹿児島県史』とか、『鹿児島市
史』とかいう本が刊行されていますが、そういうものに少し類似した部分
になります。

　第三部の「資料編」では、津波の被害とか、原発被災の記録といったデー
タ的なもの、あるいは時系列的に何月何日に何が起きたとか、そういうこ
とも基礎的な記録として、この本の中に入れて書かれている、そういう構
成になっています。

　第一部の「郷愁編」は、写真がたくさんあるのですが、その中の一つの見
開きだけ図8.13に出しておきます。左側が第二次世界大戦よりも前の時
代の年中行事の写真です。右側のカラーのものが、現在よりもやや古いぐ

らいの時期です。上が1980年代ぐらいで、下が2000年頃の写真です。

6.4 地元の方々の感情

　見た目が変わろうとも　ここでは、地元の方々がどういうふうに感じて
いるかということを紹介します。冒頭の所に「発刊にあたって」という請
戸地区の区長さんの文章があります。その中で「いつも心にあったことは、
請戸の歴史を後世に残したいということでした」と言っています。その後
の「大字誌発刊を祝う」という浪江町長の文章の中でも、「請戸地区の方々が
築き歩んできた歴史は、故郷の見た目が変わろうとも、必ず継承しなくて
はなりません」と書いてあります。これは原発被災地に限らず、津波被災
地もそうですが、堤防を造ったり震災記念公園を造ったりすると景観が
激変します。土地のかさ上げ工事というのも、高さがかなりあります。3
メートルぐらい上げてしまうものですから、元の景観とは全然違うような
形になってしまう。この「故郷の見た目が変わろうとも」というのは、確か
にその通りです。

　あの日を忘れない　第一の郷愁編の「請戸のこえ」から2つぐらい紹介し
ます。ここでも胸に突き刺さるような言葉が書かれていました。「双葉郡
は、危機管理の軟弱な東電によって、地域の文化や歴史、そして、コミュ
ニティーが破壊された。」「幾ら賠償金を積まれても、故郷を追い出された
苦しみは住民当事者でなければ理解できないと思う」といった言葉です。
あるいは、「あの日を忘れない。懐かしい古里はいつも心の中に」「よその県
で、終の棲家で暮らします」。書き手がお年をめされた方が多い、それで
こういう表現になったと思います。「本当に悔しい、東電の爆発さえなけ
れば」という一節も中には含まれています。

6.5 シンポジウム『福島県浜通りの歴史と文化の継承』

　子どもたちにも関心を持ってもらいたい　さて、古文書の活用の二つ目
を紹介します。この大字誌の刊行を契機に、仙台でシンポジウムが行われ
ました。図8.14が『福島県浜通りの歴史と文化の継承』というタイトルの
シンポジウムのポスターです。今紹介した『大字誌　ふるさと請戸』の紹介

図8.14　ポスター

図8.15　シンポジウム風景

といった形で、歴史編の各章の執筆者が講演するという内容です。井上報告の場合、図8.15のように古文書の写真を出して説明がなされました。幕府城米輸送を請戸の船が行っていたという話でした。幕府城米というのは、日本全国各地に大名の城がありますけれども、そこに幕府の備蓄米を置いておくというシステムのことです。

　実はこの写真の前のほうに座っている方々が請戸地区の人々です。討論の中では色々な発言も出ました。近代から現代にかけてのカツオ漁とか、ある時期までカツオ漁が盛んで、カツオの鮮魚を東京に売っていたそうですが、ある段階から、もっぱら鰹節に切り替わっていったという発言がありました。あるいは、アメリカや南米への移民もかなり盛んに行われていたらしいよと、そういう発言もありました。地元の紺野廣光さんという方が最後にあいさつをしました。執筆者である歴史研究者に出会うまで3年かかってしまったということです。故郷を離れなければならなかった方々の思いを載せたいという動機だったそうです。この本ができたあとの感想としては、自分の住む地域の歴史がよく分かった、この本は子孫の力にもなるだろうということでした。子供たちや孫たちにも請戸に関心を持ってもらいたいという趣旨でした。

　請戸のカツオ漁の話　その後の懇親会では、私がたまたま会話した地元の方との話題はカツオ漁のことでした。船が海に出てどの辺が漁場であるかというのは、先輩から教えてもらう陸地の目標が幾つかあって、それの組み合わせで漁場がわかるというような話を聞かせていただきました。それから最後のほうで盛り上がっていたのは、続編を作りたいという話でした。『大字誌ふるさと請戸』について、近現代史に関しては、あまり材料が整わなくて書いていないこともたくさんあり、話題になっていたカツオ漁ですとか、鰹節を作ることだとか、移民の話だとか、そういうこともやはりきちんと書かれなければならないのではないかという意見が出ていました。

7　結びと課題

　災害資料と被災資料、この2つを保存し活用していくことは、地域活性化と結び付いていかなければならないと思っています。ただ、現在はまだその基礎を築いている段階で、そうした保存活用を住民と共に進めていくことが課題でしょう。いつも研究者として自戒しているのは、資料に命を吹き込むのは恐らく住民自身であって、住民自身の活動が必要なのではないでしょうか。研究者が研究として資料を分析しているというのは、いわば化石を、よく言っても、はく製を扱っているようなもので、生きたものになっていないのではないかというふうに感じます。

　それからもう1つは、原発被災地の現状というのは、よく言われていることですが、やはり他の地域の未来を先取りしているのではないでしょうか。大災害に遭うと、例えば人口減少などということが一挙に来てしまいます。そうでない場合でも、日本の多くの地域が人口減少に苦しんでいます。そうした場合には、地域の持続を、そこに住んでいる方々が希望される限りでは追究していく必要がある。その際に、資料の活用が役に立つのではないかというふうに思います。

　それからちょっと極端な話になりますが、例えば限界集落が撤退するといったような場合にも、住民の文化的なつながりも受け継がれる必要があります。それが理想的な移住の在り方で、その際にも歴史資料が活用できるのではないかというふうに感じているところです。

　私からの話は以上です。今度は皆さん自身が以下のようなことを調べて考えてみて下さい。

・自分の地域にはどのような資料があって、どのように活用されているのか、いないのか。
・自分の地域の資料が災害にあった時に、保全活動を行う人や組織はあるのか、ないのか。
・現在資料を所有されている方は次の世代にそれを受け継ぐことができそうかどうか。

参考文献

川内淳史［2017］「阪神・淡路大震災被災地における震災資料の現状と課題
　　――民間資料と行政文書について――」『日本歴史学協会年報』32

白井哲哉［2018］「原子力災害被災地における民間アーカイブズ救出・保全の
　　課題――福島県双葉町における実践から――」『国文学研究資料館紀要
　　アーカイブズ研究篇』49（14）

『大字誌　ふるさと請戸』［2018］蕃山坊

西村慎太郎（編）［2018］『地域歴史資料救出の先へ　新しい地域文化研究の
　　可能性を求めて　vol.5』（人間文化研究機構広領域連携型基幹研究プロ
　　ジェクト「日本列島における地域社会変貌・災害からの地域文化再構
　　築」）

渡辺浩一［2017］「『地方消滅論』と民間アーカイブズ」国文学研究資料館（編）
　　『社会変容と民間アーカイブズ――地域の持続に向けて――』勉誠出版

読書案内

奥村弘編［2014］『歴史文化を大災害から守る――地域歴史資料学の構築
　　――』東京大学出版会

白井哲哉［2019］『災害アーカイブ：資料の救出から地域への還元まで』東京
　　堂出版

西村慎太郎［2021］『「大字誌浪江町権現堂」のススメ』いりの舎

国文学研究資料館（編）［2017］『社会変容と民間アーカイブズ――地域の持続
　　に向けて――』勉誠出版

執筆者一覧

執筆者(五十音順)

木部暢子(きべ・のぶこ)

九州大学大学院文学研究科修士課程修了。国立国語研究所特任教授。

専門は日本語学。研究テーマは日本の方言、音韻・音声、アクセント。

著書に『日本語アクセント入門』(共著、三省堂、2012年)、『そうだったんだ日本語　じゃっで方言なおもしとか』(岩波書店、2013年)、『方言学入門』(共編著、三省堂、2013年)、論文に「消えゆく言語・方言を守るには」(『國學院雑誌』119-11、2018年)などがある。

桑原季雄(くわはら・すえお)

筑波大学大学院歴史・人類学研究科中退。鹿児島大学名誉教授。

専門は文化人類学。

著書に『奄美の文化人類学』(鹿児島大学島嶼研ブックレット№14、北斗書房、2021年)、『鹿児島の島々』(共編著、南方新社、2016年)、論文に「奄美開発再考」(鹿児島県地方自治研究所編『奄美戦後史』南方新社、2005年)などがある。

小池淳一(こいけ・じゅんいち)

筑波大学大学院博士課程歴史人類学研究科単位取得退学。国立歴史民俗博物館研究部民俗研究系教授。博士(文学)。

専門は民俗学。

著書に『陰陽道の歴史民俗学的研究』(角川学芸出版、2011年)、『季節のなかの神々――歳時民俗考――』(春秋社、2015年)、『新陰陽道叢書(四)民俗・説話』(編著、名著出版、2021年)などがある。

添田　仁(そえだ・ひとし)

神戸大学大学院文化学研究科博士後期課程修了。博士(学術)。茨城大学人文社会科学部准教授。

専門は歴史学(日本近世史)。

著書に『地域史の視点』(共著、吉川弘文館、2008年)、『長崎 東西文化交渉史の舞台』(共著、勉誠出版、2013年)、『「地域歴史遺産」の可能性』(共著、岩田書院、2013年)、『歴史文化を大災害から守る』(共著、東京大学出版会、2014年)などがある。

中静　透（なかしずか・とおる）

千葉大学卒。理学博士（大阪市立大学）。国立研究開発法人森林研究整備機構理事長。

専門は森林生態学、生物多様性科学で、熱帯林および温帯林の動態と更新、林冠生物学、森林の持続的管理と生物多様性、気候変動の生態系影響などを研究。

著書に『森のスケッチ』（東海大学出版会、2004年）、『生物多様性は復興にどんな役割をはたしたか』（編著、昭和堂、2018年）などがある。

丹羽謙治（にわ・けんじ）

東京大学大学院人文科学研究科博士後期課程単位取得退学。鹿児島大学学術研究院法文教育学域法文学系教授。

専門は日本近世文学、日本近世文化。江戸時代後期戯作文学および遊里に関する研究、薩摩藩の学芸および出版文化に関する研究。

著書に『薩摩藩文化官僚の幕末・明治　木脇啓四郎『萬留』──翻刻と注釈──』（共著、岩田書院、2005年）、『吉原細見年表』（共著、青裳堂書店、1996年）、論文に「上月行敬筆『琉球人行粧之図』『琉球人往来筋賑之図』について──鹿児島大学附属図書館本と鹿児島県立図書館本のあいだ──」（『雅俗』16号、2017年）などがある。

日髙真吾（ひだか・しんご）

国立民族学博物館教授。

専門は保存科学。研究テーマは民俗文化財の保存修復技術の開発および博物館の資料保存。

著書に『女乗物──その発生経緯と装飾性──』（東海大学出版会、2008年）、『記憶をつなぐ──津波災害と文化遺産──』（千里文化財団、2012年）、『災害と文化財──ある文化財科学者の視点から──』（千里文化財団、2015年）、『継承される地域文化──災害復興から社会創発へ──』（臨川書店、2021年）などがある。

渡辺浩一（わたなべ・こういち）

東北大学大学院文学研究科博士課程中退。博士（文学）。国文学研究資料館研究部教授。

専門はアーカイブズ学および日本近世史。

著書に『江戸水没──寛政改革の水害対策──』（平凡社、2019年）、『近世都市の常態と非常態──人為的自然環境と災害──』（マシュー・デービスとの共編著、勉誠出版、2020年）、論文に「天明期江戸連続複合災害への幕府と民間社会の対応」（中塚武・鎌谷かおる・渡辺浩一編『気候変動から近世をみなおす──数量・システム・技術』（『気候変動から読み直す日本史』第5巻、臨川書店、2020年））などがある。

索　引

190

地域文化の可能性

2022 年 3 月 25 日　初版発行

編　者　木部暢子

制　作　㈱勉誠社

発　行　勉誠出版㈱
　　　　〒101-0061　東京都千代田区神田三崎町 2-18-4
　　　　TEL：(03)5215-9021（代）　FAX：(03)5215-9025

印　刷
製　本　三美印刷㈱

ISBN978-4-585-32015-9　C1020

災害に学ぶ
文化資源の保全と再生

木部暢子 編・本体三二〇〇円（＋税）

人間文化研究は、災害に対して何ができるのか。地域に対して何ができるのか。歴史学・アーカイブズ学などの諸分野が結集し、文化資源保全と地域文化復興の方途を探る。

アジアの人びとの自然観をたどる

木部暢子・小松和彦・佐藤洋一郎 編・本体三八〇〇円（＋税）

森林・河川・沿岸域など、共有資源（コモンズ）をめぐる社会経済史とガバナンス。民俗学、言語学、環境学の視座から、自然と文化の重層的関係を解明する

社会変容と民間アーカイブズ
地域の持続へ向けて

国文学研究資料館 編・本体八〇〇〇円（＋税）

地域アーカイブズを取り巻く環境、存在形態、調査・保存に対する現実的アプローチなどを、現場の最前線からの視点で捉え、保存・活用の論理と実践のあり方を提示する。

地域と文化財
ボランティア活動と文化財保護

渡邊明義 編・本体三四〇〇円（＋税）

文京区民による文化財への取り組み〈文の京地域文化インタープリター〉を学び、地域住民や行政による文化財保護・活用のこれからを考える。

地域と人びとをささえる資料
古文書からプランクトンまで

神奈川地域資料保全ネットワーク 編・本体三五〇〇円（＋税）

地域社会を形成する資料のあり方に着目し、文献や伝承、自然史資料など多様な地域資料の保存の現場での経験から、地域と人、資料と社会との関係の未来像を探る。

デジタルアーカイブ・ベーシックス2
災害記録を未来に活かす

今村文彦 監修／鈴木親彦 責任編集・本体二五〇〇円（＋税）

博物館、図書館、放送局や新聞社など、各種機関・企業が行なっているデジタルアーカイブの取り組みの実例を紹介し、防災に活用する意義をまとめた一冊。

環境に挑む歴史学

水島司 編・本体四二〇〇円（＋税）

環境と人類史にもたらした影響を歴史学はどのように捉えうるのか。環境史への歴史学の取り組みとその成果を、日本、アジア、アフリカ、ヨーロッパ地域に視点を広げて示す。

環境と心性の文化史　上・下

増尾伸一郎・工藤健一・北條勝貴 編・本体各六〇〇〇円（＋税）

人間は自然環境をどのように捉え、働きかけ、作りかえてきたか。それぞれの時代・社会に特有な「心性」を明らかにし、「環境問題」への思考基底を示す。

デジタル文化資源の活用

地域の記憶とアーカイブ

NPO知的資源イニシアティブ編・本体二五〇〇円（＋税）

文化資源を保存・活用していくための、デジタル技術の具体例を紹介。求められる人材養成・財源・知的財産のありかたに対する政策を緊急提言する。

アーカイブのつくりかた

構築と活用入門

NPO知的資源イニシアティブ編・本体二五〇〇円（＋税）

企画、デザイン、ツール、法律上の問題など、アーカイブ構築の際にだれもが直面する問題を整理し、それらをクリアするための実践例を紹介。

文化財アーカイブの現場

前夜と現在、そのゆくえ

福森大二郎 著・本体二八〇〇円（＋税）

日本の「こころ」と「かたち」をデジタルで記す。豊富な具体例を交えながら、文化財アーカイブのプロセスや現状、今後の課題をわかりやすくまとめた一冊。

アーカイブズと文書管理

米国型記録管理システムの形成と日本

坂口貴弘 著・本体六〇〇〇円（＋税）

米国型の記録管理システムの形成過程を分析し、日本の戦前・戦後におけるシステム受容から現在までの、民・官・学の取り組みを追う。

日本近世都市の文書と記憶

渡辺浩一 著・本体九〇〇〇円（＋税）

情報の伝達・蓄積媒体である文書。その文書の保管と記憶の創生という観点から、近世都市の歴史叙述のありかたを考察する。

自己語りと記憶の比較都市史

渡辺浩一／ヴァネッサ・ハーディング 編
本体四五〇〇円（＋税）

自己語りと記憶が幾重にも往復・交差する近世都市という「場」を、複合的な視角から比較し捉え返し、人と社会との関係性を考えるための新たな歴史研究の扉を開く。

近世・近現代文書の保存・管理の歴史

佐藤孝之／三村昌司 編・本体四五〇〇円（＋税）

幕府や藩、村方、商家等の文書、公文書や自治体史料などの歴史資料、修復やデジタルアーカイブなどの現代的課題に焦点を当てて、保存・管理システムの実態と特質を解明。

パブリック・ヒストリー入門
開かれた歴史学への挑戦

菅豊・北條勝貴 編・本体四八〇〇円（＋税）

歴史学や社会学、文化人類学のみならず、文化財レスキューや映画製作等、さまざまな歴史実践の現場より、歴史を考え、歴史を生きる営みを紹介。日本初の概説書！

文化財学の構想

三輪嘉六 編・本体二七〇〇円（＋税）

守り伝えられてきた文化財を、私たちはどう保存し、活用するべきか——個々の学問の枠を超え、文化財のための新たな学問「文化財学」を提唱する一冊。

文化財学の課題
和紙文化の継承

湯山賢一 編・本体三二〇〇円（＋税）

麻紙、楮紙、檀紙、杉原紙、奉書紙、美濃紙、雁皮紙、鳥ノ子紙、三椏紙…日本が世界に誇る「紙の文化の伝承」を、世界文化遺産・醍醐寺の史料を中心にまなぶ。

日本の文化財
守り、伝えていくための理念と実践

池田寿 著・本体三二〇〇円（＋税）

文化財はいかなる理念と思いのなかで残されてきたのか、また、その実践はいかなるものであったのか。文化国家における文化財保護のあるべき姿を示す。

紙の日本史
古典と絵巻物が伝える文化遺産

池田寿 著・本体二四〇〇円（＋税）

長年文化財を取り扱ってきた最先端の現場での知見を活かし、古典作品や絵巻物をひもときながら、文化の源泉としての紙の実像、それに向き合う人びとの営みを探る。

人と水　全三巻

この地球上で様々な意味をもち、ある水を、どのように捉えるか。自然面だけでなく、文化、社会、思想面にまで視野を広げて水を考える画期的論集。多様な関わりの媒介物で

秋道智彌・小松和彦・中村康夫 編・本体各三〇〇〇円（＋税）

里山という物語
環境人文学の対話

里山なるものが形成されるトポスがはらむ問題、歴史的に形成・構築された言説のあり方を解きほぐし、自然・環境をめぐる人間の価値観の交渉を明らかにする。

結城正美／黒田智 編・本体二八〇〇円（＋税）

環境という視座
日本文学とエコクリティシズム

自然環境への眼差しの根底にある心性を歴史的に再照射し、人間中心の自然／環境理解から有機的な相互性の課題へと向かう。新たな環境文化論の定立をめざす試み。

渡辺憲司／野田研一／小峯和明／ハルオ・シラネ 編・本体二四〇〇円（＋税）

文学から環境を考える
エコクリティシズム
ガイドブック

作家の小説作品やインタビュー、国内外の研究状況をつたえる翻訳や論文、キーワード集など、多角的な構成によって文学・環境批評の可能性を伝えるガイドブック。

小谷一明／巴山岳人／結城正美／豊里真弓／喜納育江 編・本体二八〇〇円（＋税）

犬からみた人類史

進化生物学から、文化人類学、民俗学、考古学、実際の狩猟現場……、過去から未来まで、様々な角度からとらえた犬の目線で語られる全く新しい人類史!

大石高典・近藤祉秋・池田光穂 編
本体三八〇〇円（＋税）

鳥と人間をめぐる思考
環境文学と人類学の対話

文学作品に描かれた自然を対象とする環境文学、民族誌として記録されてきた自然を対象とする人類学。双方の視点から、鳥をどうに捉え、語り、描いてきたのかを探る。

野田研一・奥野克巳 編著・本体三四〇〇円（＋税）

琉球諸島の動物儀礼
シマクサラシ儀礼の民俗学的研究

先行研究を丹念に読み解き、長期に渡る調査によりシマクサラシの儀式について、成り立ち、選定される動物の意義、儀礼の目的など詳細に記した研究結果の結実。

宮平盛晃 著・本体六二〇〇円（＋税）

文化財／文化遺産としての民俗芸能
無形文化遺産時代の研究と保護

形が無く、かつ変わり続ける祭りや民俗芸能などは、いかにして文化財／文化遺産となるのか。それらを保護する意義とその方法、研究のあり方について考察。

俵木悟 著・本体四二〇〇円（＋税）